Sobre la obra de la autora

Lula entra en la literatura como una tromba, reinventa el lenguaje con la potencia de sus palabras filosas dibujadas en el punteo feroz de los tatuajes, con la cadencia contundente de una batucada.

Lili Escliar

Me parece interesante Lula Comeron, muy zarpadas ella y su escritura.

María Teresa Andruetto

Ingobernable. Como su escritura. Lírica/Narrativa/Dramatúrgica. **Lula Comeron** pone todas sus armas y su alma para contarnos la historia de otra alma, rota. Tan rota como loca y genial. Un oxímoron corporizado a lo John Frusciante haciendo su cover de los Bee Gees junto a los Chilli Peppers cuando pregunta de forma retórica al resto de la banda y a todo un estadio *¿cuán profundo es tu amor?* Dibujando en la página –a lo Leónidas Lamborghini en *Carroña última forma*– si alguien la ve, si alguien la escucha, si alguien sabe algo que le pueda aportar un poco de luz a su **RE·SENTIDA!**

Leo Oyola

La voz de Lula Comeron es intrépida. No desconfía. Avanza con un pulso constante y enérgico que combina prosa, poesía y música.
RE·SENTIDA! se lee con el cuerpo.

Paola Lucantis

Lula Comeron se desplaza con destreza entre la prosa poética y el rock, para contarnos esta historia misteriosa, envolvente, desgarradora y a la vez reconocible por lo cotidiana. La naturaleza surge como protección frente a la violencia, pero también frente a los propios fantasmas de la protagonista. **RE·SENTIDA!** es un texto que Comeron nos susurra en el oído como si nos estuviera cantando una melodía dulce y rabiosa a la vez.

Claudia Piñeiro

Una mujer encerrada. También en su cabeza, encerrada. Lula nos mete en esa cabeza, en ese cuerpo. Sentimos su respiración. Su asfixia. El ritmo de sus pensamientos. Las palabras que suenan en su mente como estribillos de canciones. La escritura trabaja, y trabaja mucho, la relación entre el sonido y el sentido de las palabras.

Paula Rodríguez

RE•SENTIDA!

VUJÀ DÉ

extraña y hechizante sensación de que esto no pasó antes; al revés del Déjà Vu, el **Vujà Dé** es la creencia de que lo que estamos experimentando nunca fue experimentado, de que lo que está frente nuestro lo estamos viendo por primera vez: el hallazgo de lo furiosamente nuevo en lo que creímos familiar.

Este es el eje con el que construimos nuestro catálogo.

RE•SENTIDA!

Lula Comeron

HOJAS DEL SUR

Buenos Aires

www.hojasdelsur.com

RE•SENTIDA!
Lula Comeron

1a edición

Editorial Hojas del Sur S.A.

Albarellos 3016
Buenos Aires, C1419FSU, Argentina
e-mail: info@hojasdelsur.com
www.hojasdelsur.com

ISBN 978-987-8916-76-7

Dirección editorial: Andrés Mego
Edición: Debret Viana
Colección: Vujà Dé
Director de la colección: Debret Viana

Diseño de tapa e interior: Enfoque Editorial
Diseño de colección: AADG Studio Tipografía de tapa: Faustina de Omnibus-Type

Comeron, Lula
RE•SENTIDA! / Lula Comeron. - 1a ed. - Ciudad Autónoma de Buenos Aires : Hojas del Sur, 2024.
240 p. ; 14x23 cm. - (Vujà Dé / Debret Viana)

ISBN 978-987-8916-76-7

1. Novelas. 2. Narrativa Argentina. I. Título.
CDD A860

LIBRO DE EDICIÓN ARGENTINA

A Flor, luciérnaga en un árbol de sangre

Y en ella, a todas las Flores
que pudieron salir del silencio.

Ni la tierra ácida ni los hombres podrán comerlas.

"No aceptes lo habitual como cosa natural"

No aceptes,
Bertolt Brecht

Palabra por palabra
tuve que aprender
las imágenes
del último otro lado.

Alguien cae en su primer caída,
Alejandra Pizarnik

"Deep inside of a parallel universe,
It's getting harder and harder to tell what came first"

Parallel universe,
Red Hot Chili Peppers

ODERSAID!

¿Alguien me ve?

En la oscuridad el miedo no puede verse.

Llevo los ojos al techo. Troncos de madera, una estructura reforzada para soportar la carga. Telarañas, mi sombra, un animal insípido dentro del nido. Termitas voladoras vestidas de novias buscan refugio en las vigas húmedas. Un camposanto de alas después del vuelo nupcial.

Los machos caen muertos

menos él.

Troncos podridos deforman el cielo, raso de tablón, grietas en el barniz esconden túneles con forma de laberinto y yo

de amarillenta a rojiza,

d·herrumbe,

expuesta a la humedad.

La salida es una ruina.

Mi idea del amor, la pista de una canción.

El desorden, mi trastorno por déficit.

Maraña de ausencias para hacer frente a todo.

En las paredes hundidas, la muerta en los márgenes y la felicidad de mi hombre, una verdadera plaga.

Silencio.

Todo se quiere callar.

Los gritos terminan en el piso al lado de los juguetes, ropa olvidada, banderas del Matador, las compras del día sin fecha de vencimiento, botellas rotas, bolsas de tierra fértil, flores, una pala, la escoba de cerdas estropeadas, el collar y la correa de la perra, algunos *cidis* y mis bombachas arañadas.

Restos de todos. Me pongo

cada vez más sola.

Ya no sé por dónde caminar.

El desorden y yo, mi orden mental.

Un bife a la plancha vuelta y vuelta, desesperación y sangre

que chorrea cuando corta.

Subestimo las partes que crecen y se acumulan, en la carne, la forma de las canaletas.

Disimulo

con las rodillas en el piso. Tengo el diablo entre las piernas y una bolsanegra aferrada a mi mano. El cuerpo a tierra, mi táctica para avanzar sin ser. Ser vista. Vista al frente. Las ventanas tienen rejas y la puerta de entrada nunca está con llave. No hay que correr riesgos, total acá no pasa nada, apenas entra un poco de fresco y el aliento del hincha.

Sonríe como un regalo que hace para gestar la ofrenda de la victoria

y ama

con la cultura

d·él

aguante.

La tribuna donde me enamoré es una tumba de guerra.

La familia, una fosa común.

Granja de cadáveres el campo de su fútbol que no es para jugar. Camisetas sin nombres, antropología de la muerte. Mi cuerpo

sin reclamar y sin mamá para hacerse cargo.

Cábalas, ritos y duelos.

Plegarias tribuneras.

¿Alguien sabe dónde llorar a las muertas?

Entierro flores, siembro el sentimiento.

La oscuridad se acelera, veo entre brumas. Nunca hay una puerta de salida. Esquivo a tientas el enjambre. La música quiere decirme algo pero me pierdo en los detalles de la rutina. La tradición es un caos que alivia. Vivo de memoria la casa y la familia como si fuese un mapa mental.

¿Cuánto tiempo más voy a deslizarme?

Jau long, jau long... me canto en el bocho.

El amor es un sentimiento triste,
la madriguera de mi soledad.

Clava sus manos en mis lágrimas y los besos son escombros.

Separa mi cara.

Separeit mai said, sigo en mi musiquita, no le creo más.

El encierro anestesia.

A los insectos voladores y a mí.

Ruidos en el interior de la madera.

Estalactitas cuelgan de las vigas o del techo.

Nunca termino de entender lo que está pasando y vuelvo a cargar el arma de la negación.

Al final de mí soy una infame testaruda de apego.

Ciega.

Sorda.

Muda.

Una Shakira de caderas vendadas.

Entonces corro, mi forma de bailar

rompe, su forma de hacerme bailar

corrompe, mi naturaleza.

Para él la piedad es insaciable, momifica lo que ama, su práctica más antigua para retirarme de todo menos de su cobrazón, una puerta que rasguño sin pedir permiso, la única a la que no le quedan marcas.

Recubierta por dentro y por fuera. Llena con su sangre mis venas. Embalsamiento natural y la tradición de sumergirme en sal gruesa para que cicatrice.

Seco bien, un proceso normal de curado y, al toque, rellena el vientre con resignación.

Cae sobre mí.

Su cuerpo es un campo minado.

El mío, su amuleto.

(otra posibilidad)

El viento sin restricciones, el río crecido y la llanura húmeda inmortalizan esto de estar viva. Acá la vida se conserva muy bien, gracias, lo primero que me sale cuando hablo de él. Una palabra con sonido a costumbre y forma de reja.

Gracias metálico o de piedra, pero vivo.

Gracias de alambre que limita terrenos, protege contra los intrusos, pero vivo.

Gracias al contacto directo del hombre con la vida salvaje, el guacho de mi sueño Ingalls, un proyecto para construir en pareja, lo más común que tenemos además de nuestros hijos. Y vivo

esto de estar viva.

¡Gracias!

Gracias por esta hermosa familia en letras doradas cosida a los labios con hilos de fe.

Mataría la fe, pero qué hago con él.

Flashes.

Puntos blancos.

Frío.

Las luces de las pocas lámparas parpadean, incoloras, crudas, iluminan lo que mi ojo humano no ve. También ayudan a salvar el Planeta, ahorran energía y son más resistentes a los golpes.

El consumo siempre doméstico y solidario
asfixia!

Rayos y centellas.
¿Cuál es la diferencia?

Figura oscura.
Fogonazo.
Soy poco
y amanece.

La perra sueña por mí, mientras los chicos meriendan el dulce casero del mes anterior y la televisión llora a todo volumen. De golpe, los focos de luz dejan de pestañar. Se superponen al sol e iluminan los muros: juego de sombras y mi sombra inhumana.

Atmósfera cenicienta llena de contrastes.

La luz juga al terror cuando apenas me veo:

ampollas y roña por todas mis partes de tanto que usa la pala.

Me río.

La vida de campo me pone alegre.

Acá los conflictos siempre tienen solución.

¿Alguien vio la familia Ingalls?

Me lloro.

La vida de campo me pone triste.

Acá los conflictos siempre tienen polución.

Cierro los ojos con fuerza. Puntitos brillantes, estrellas voladoras. Las luces blancas no me dejan en paz, otra vez el terror, sobre mi consciencia, meta titilar. La lámpara encima de la cabeza impacta en los ojos de todos. Mi eco de luz aturde la superficie familiar. Nadie se deslumbra. La casa parece una oficina automatizada; la cabaña de mi sueño Ingalls, un trabajo forzado.

Lloro.

Río.

Nadie sabe.

Yo tampoco.

Tengo el mismo gesto como respuesta a todo. La única desventaja emocional, y que no siento el dolor de su abrazo.

De pronto flash.

Las luces dejan de pestañar.

¿Alguien me huele?

En la oscuridad el miedo no se respira.

Apesta a carne picada y a girasoles silvestres. La fruta es el incienso que me ayuda a escapar a mi niñez, tristes reflejos hormiguean la memoria.

Mi infancia boquea.

Humo.

La cabaña esta impregnada de vaho. Ropa enmohecida llena de manchas. Ropero oscuro. Aroma antiguo, a mamá.

Me pongo cada vez más sola.

Estoy adentro, en una vejez temprana, florecida por el óxido de su tormento y la lluvia de río.

El olor a pasto cortado tapa a los otros olores.

Defensa química de las plantas para salvarse también de él.

Lo respiro.

Mi nariz se cansa de su tufo amargo y del aliento metálico. Mi lengua es un trastorno cuando se acerca a su boca. La esquivo. Los besos sangran y todo huele a pescado como esa flor a la que llaman cadáver. El aire que respiramos dejó de ser seguro desde el primer glifosato.

Contaminamos.

Somos una peste bubónica que combatimos a pororó que nunca huelen a cine. Los videoclubes también están muertos y el amor

es un antojo con formita de hombre.

No sé quién soy sin manchas de sus nacimientos. Mi piel cruda, carne de cañón y la del horno siempre quemada. La corta en tiras mientras administro la angustia a mates fríos.

Tengo que llevarlo al otro lado.

Aiv got chu taikit on di odersaid.

No queda más agua.

Hago ruido con el último sorbo del mate.

Imito la melodía de la canción, una especie de código morse.

Los chicos sonríen y piden otra.

¿Alguien me escucha?

En la oscuridad el miedo no se oye.

Se encienden los grillos. Ecos de pájaros en sus ritos. Ladridos de perra.

No tengo cuerdas, vocales, ni lengua natural, pero escucho mi infancia.

Los camiones retumban, el viento se apaga, la siesta se estira.

Susurros.

Voces.

Voz.

Una vos real como la mía y la otra, la de siempre, ese vos que no suena a humano.

Los sonidos se repiten hasta convertirse en uno solo.

Aturde.

Un monstruo vive en mi oído.

KAPOW!

KAPOW!

KAPOW!

Golpea tres veces. Tres golpes secos que suenan contra la pared y se repiten con mayor intensidad.

¿Cómo era el silencio?

Pierdo la voz a la par de cualquiera que se cruza por su vida.

Todo me quiero callar.

Todo me contengo

miedo.

La idea hace guardia en mi mente.

Vuelvo a mi realidad. La música en mi cabeza, en el otro lado, sanguínea, *Shi guants tchu nouw, ¿amai estill a eslat?*

No soy buena para cantar en inglés, pero entiendo todo.

Para ser hay que sentir y ya no sé

cómo se sentía antes.

Antes de sentirlo.

Me tiré a las vías de su sensibilidad y mi piel se llenó de ausencia.

¿Alguien sabe cuánto dura el dolor después de un accidente?

Sensación de adormecimiento. Él reparte la comunión con la banda más loca de todas, mientras yo predico con la boca cerrada en respuesta a esos tres golpes sobre la pared.

Pan y vino.

Acá el que quiere reza.

Y el que no, aguanta los trapos de la pasión.

Jau long, jau long uill ai slaid

El amor es un sentimiento triste.

Estoy en un pogo. Me dejo arrastrar. Cierro los ojos y somos: solos.

Vos y yo, fenómeno lingüístico, sin él

mal, nacido y criado Matador, soy tu grupi, Anthony.

¡Dale, copate! Exorcisame en el más allá y canto, te encanto a los gritos, desafino y me dejo ser. Tiro el primer paso hacia la recuperación y los otros once pasitos se los dedico al alcohol.

SEPAREIT MAI SAID, AI DONT
AI DONT BILIV ITS BAD

El estribillo es muy pegadizo.

SLEIT MAI TROUT
ITS OLAI EVER

Mi volumen los incomoda.

Pierdo fuerza.

KAPOW!

KAPOW!

KAPOW!

La canción termina cuando su ruido sobre la pared la hace desaparecer.

¿A quién les hace acordar?

Las luces comienzan a titilar.

No me alcanzo a distinguir.

Tomo su vida como viene. Un paso después del otro. Lo escalo. Es una montaña. El silencio, su fortaleza, abismo su boca.

Tengo que aceptar que soy impotente, admitir que no puedo hacerlo sola, que necesito ayuda.

Digo, para esto de vivir.

Digo, vivir para esto.

Digo, esto para vivir.

De improviso me ilumino toda. Sol salvaje de las luces frías que ahorran todas las explicaciones.

Todavía estoy.

Soy

en el centro del comedor, mesa sin sillas con una pila de ropa de hijos, camisetas de fútbol, platos sucios, cartulinas y marcadores desparramados como mi presencia. El desorden y yo, mi orden mental.

Me tiro abajo.

Debajo, la mesa del comedor, trinchera de mujer.

Hago que ordeno. Nunca sé por dónde empezar. Me apoyo contra el banquito con mi diseño découpage a medio terminar. Todas las partes decoradas están tajeadas.

¿A quién les hace acordar?

Lo cubro con la bolsanegra y me miro. Botellas de cerveza vacías perfectamente alineadas. Pedacitos de papel en su interior. Restos de vela y botellitas de plástico.

¡En la bolsanegra no hay lugar para nadie más!

Hijo del medio me descubre y sale corriendo:

Mamá está abajo de...

Pica para mí.

Afuera de mi escondite, como granadero, el porta•cidi, escolta de mi imaginación, cómplice y todo. El único cuerpo impoluto perfectamente ordenado con mis discos y espacios huecos. Me miro en él, lo abrazo con la bolsanegra. La misma reacción para todo y el mismo temblor en las manos.

Monótona para las expresiones organizo mis terrores.

Barro.

Mi existencia, irremediable en la inmensidad de su mirada.

Mi resentimiento, una palabra en la boca de hija mayor.
Y mi amor, tan simple como mirar a los santos.

Las luces se apagan.
Me olvido en pensamientos.
A todo volumen.

JAU LONG, JAU LONG UILL AI SLAID
SEPAREIT MAI SAID, AI DONT,

Este disco es la manera de estar en mi mundo.

AI DONT BILIV ITS BAD.

En la oscuridad se vive mejor.
Martillazos.
Ruidos de herramientas.
Tres aplausos de fondo.

CLAP!
CLAP!
CLAP!

Alucinación auditiva. Todo retumba y se confunde con el sonido de un mensaje de texto. Pierde intensidad cuando aparece el chirrido de una máquina de escribir.

¿Alguien sabe si estoy dormida o despierta?

Me quedo en blanco. El repiqueteo de las teclas se apaga cuando suenan los **KAPOW!** sobre la pared.

En estado intermitente, como las luces, parezco abandonada.

Nada que ver.

Pero vivo.

Me palpo para saber si soy de verdad.

Y siento

la armadura, el guardapolvo blanco de maestra con picaduras rojas y la bolsanegra en la mano para mantenerme alerta.

De pronto se enciende la luz de relleno, aunque todavía falta para el atardecer. Contrastes brillantes. La cabaña parece inmaculada y el humo se escapa por las ventanas.

Todavía sin reflejo.

CLAP!

CLAP!

CLAP!

¡Otra vez los aplausos!

En el pueblo los timbres están muertos como el mío. La campana tiene un agujero negro y estampitas de santos populares pegados a su alrededor.

CLAP! CLAP! CLAP!

Aplausos como zumbidos.

CLAP!
CLAP!
CLAP!

Aplausos como válvulas.

Alguien sabe que vivo

ACÁ!

Siento regocijo y hago una reverencia, corro a abrir la puerta de entrada. Por fin la veo, sigue a medio pintar, me acostumbré,

a vigilarla, a que esté así.

¿A quién les hace acordar?

El tacho de pintura chorreado con salpicaduras rojas de la sangre de la campana del timbre. El pincel sobre el suelo teñido por el mismo color.

Manchas sanguíneas por todas partes y yo.

El rojo puede ser vida.

Pintura romántica de principios de siglo.

¡Acá todo se naturaliza para mal!

Mi corazón sangra.
Se despinta de a poco.
Y en la puerta siempre él:
ENTRADA Y SALIDA.
Veo su voz.
Las luces encandilan.

Su cobrazón me da de lleno.

Ato la bolsanegra en mi cabeza como vincha de Kung Fu.
Posición de grulla.
Sin reacción.
Vivir es una broma,
lo hago reír.
Cierra mis ojos con un escalofrío
y un amor.

ROUD TRIPIN!

Desterrada en sus ojos escarbo la tierra.

Cultivo.

De rodillas sobre la bolsanegra me pongo a punto abono para huerta. Arranco el pasto con premeditación y alevosía. Alguien grita sin compasión. Polvo y cenizas la intensidad de mi hemisferio, un cuerpo deshabitado, descolorido, que camina sin avanzar. Subo la temperatura del campo, el frío quema más que el desamor. Broto, crezco hacia abajo, en su profundidad, para que mis hijos puedan criarse sin problemas.

Orgánica.

Fertilizo mis uñas cuando araño. Soy natural para este suelo, tengo mucha más resistencia a la descomposición. Una flor hermosa y fuerte perseguida por agujeros en la tierra. Son como las llagas en mi cuerpo, fosas para plantar árboles. Corren de atrás por todas las hectáreas y mis lados. Al fondo de la cabaña, dos tumbas a medio cavar, por las dudas.

¿Alguien vio la pala?

El paisaje me atraviesa y sangra huesos. Las flores me dejan sola entre arbustos caídos, pastos y malas hierbas. Una soledad que acuña y duele porque siempre está él, leñoso.

Le hago burla, a mis temores, me tapo con la bolsanegra, mi símbolo de paz, la relación que tengo con el miedo, una parte de mí, falta y resto, el deseo de cambiar las cosas consumido por la languidez de mi único deseo. No convertirme en lo que me hace

daño.

Tirada boca arriba, los ojos desnudos de pupilas frías y enormes miran fijo el más allá. Y en el más acá, la bolsanegra, la única seguridad que necesito para huir de la peste. La que siempre está, acompaña, y no me hace dudar de la realidad del vacío. Una especie de parálisis. La Mujer y su Bolsanegra, algo así como el trapito del mejor amigo de Charly Braun.

¿Alguien sabe la diferencia entre el miedo y el deseo?

Escondo el cuerpo en el sembradío. Veo florecer el Lapacho. Sus hojas rosadas de alguna primavera antigua se filtran en mi estado mental.

¡Acá crece todo!

Irregular como la corteza de los troncos que se destruye contra la naturaleza de nuestra presencia, mi cuerpo por todas sus partes, en pedazos, de eso que somos.

¿Alguien sabe qué somos?

Los pájaros vuelan violentos. Se chocan, caen y más allá, nubes muertas en el horizonte, un bosque de palmares donde mis días arden.

Miro al cielo todo rojo, huele a él y tiembla como la pala en mi mano cuando la entierro en su garganta.

¡Puta imaginación!

Mi juego con la idea de su muerte.

¡Quiero re truco!

Sus raíces llegan a ser profundas e intensas, tan intensas que engendran fisuras en la cabaña, nuestro hogar en el campo litoral, un pantano donde cría moscas con dientes para morder consciencia y corazón. De su tallo, ramificaciones que levantan los tablones de madera y queda a la vista.

Se le nota todo lo que no quiero ver.

Me enrolla con su juego de palabras y envuelvo la bolsanegra a mi mano. Acto reflejo.

Lo adivino de reojo. Desenterrado al lado mío, evita la pala filosa y oxidada de mi puta imaginación. Veo el corte en su cuello, sus ojos de abismo y un río de sangre en el que todavía late.

Soy su cobrazón.

No puede vivir sin mí.

Me respira.

Cubierta por su aire besa mi nariz, aliento de miedo. Repite aquel primer chape de voz suave y mandíbula rota en El Árbol, su pequeño rincón en el barrio, enfrente a la disco La Mónica. Gilda, nuestras noches de verano entre canilla libre de Fresita y ventilador, su mano en mi concha, empapada, me quiere de espalda, nunca supo cómo acabarme de frente.

Su cuerpo sobre el mío, costra de mi piel.

Me concentro para no gozar.

Veo la corteza de su pequeño rincón, un Palo Borracho, lastimado en el tronco con un cobrazón que llora nuestros nombres y un Yo te sigo a todas partes a dónde vas, cada vez te quiero más.

Su pasión me nubla.

Repta mi sueño Ingalls por sus ojos de enredadera, Dama de Noche, inmortal, de hojas acorazonadas, verde brillante y flores blancas, las que hoy rodean el alambrado de nuestro campo sin fútbol.

Desorientada en las siestas, ese monstruo que veneran los pueblos y el mío, área rural a la que me trasplantaron, me cubre con su terreno enmalezado donde se agigantan los muros palmera y el insomnio.

Dejamos la ciudad, nuestro pacto de sangre. Huimos tierra adentro. Mi cuerpo marca la ruta, deja cicatrices para que él pueda regresar. Yo siempre perdida y sin saber cómo arrancarme de raíz. Los teros me persiguen, comen de la corroña, las migas que soy a cada paso.

Camino por todos los lados sin rumbo. Me choco con los pocos ambientes de la cabaña, el cuarto de mis hijos, el único espacio dividido, los demás son libres, integrales, con vista al campo y la comunicación necesaria para que lo único que se escuche sea su sonido sobre la pared.

KAPOW!

KAPOW!

KAPOW!

El aislamiento necesario para encontrar mayor tranquilidad y para que ningún otro ser humano pueda oírlo.

El sueño Ingalls y mi mente juegan una pulseada, se baten a duelo por eso que llamo familia y realidad. Miro la campana del timbre, su herida, ese agujero que la silenció para siempre. Ese agujero sin orificio de salida que me ayuda a reconocerme. Ese agujero, yo, mi recordatorio, la alarma para despertarme, el que me mantiene alerta y me enseña a no pestañar. La única señal que nunca se pierde, su imagen

no cambia, es un dibujo animado, mismo tamaño de forma estrellada y sin escapatoria. Nos acostumbramos a verlo, está domesticado, como todos acá, se hace invisible a la mirada del otro.

Me voy en pensamientos hasta que me pienso. Quedo en blanco por completo. Me siento esa campana a la que nadie le presta atención. Un punto fijo que si miran por más de treinta segundos desaparece.

Ni viva, ni muerta,

me confundí de realidad

y me metí en esta trinchera.

¿Alguien sabe si soy mi enemigo?

Trinchera paralela, el otro lado donde no me cubro por ser mujer.

Trinchera compañera de viaje, un agujero parecido al de la campana del timbre.

Mantengo líneas estáticas. Entre Ríos. Protegida naturalmente de la depredación por las canciones que me rodean. Me palpo para encontrar lo que queda de mí. Del bolsillo del guardapolvo saco los auriculares, el salvavidas que me refugia a la deriva mientras aprendo a flotar sola.

Me los pongo y soy libre al grito de:

JAU LONG, JAU LONG UILL AI SLAID
SEPAREIT MAI SAID, AI DONT,
AI DONT BILIV ITS BAD

¡Mierda! ¡Me quedé dormida!

Me bajo los auriculares al cuello para que nadie sepa a dónde me voy cuando te escucho. Me clavo los últimos tres mates del insomnio de esas noches que no me puedo preparar para el sueño; ese temor a dormir y a no despertar. Se aceleran los latidos, efectos secundarios de la rutina y el desayuno al paso. Tomo velocidad e improviso. Fuerzo sonrisa con esa alegría que me hace la pueblerina más adorable.

¡Arriba todos!

Levanto a mis hijos a las corridas.

Están acostumbrados a hacerse solos y todo rápido,

con esa sensación de que algo está por pasar.

Acá somos muy expresivos y emocionales.

Me quito el sueño; el otro, el Ingalls, no se va ni con café, chocolates, Coca Cola o clonazepam.

¡Arriba una! ¡Arriba otro! ¡Y arriba una más! ¡Todos arriba! Rapidito. Rapidito. Corro. Rapidito. Rapidito. Aplaudo sin compás. Las agujas del reloj jamás me avisan nada. Desayuno en el camino, naranjas, pepinos y lo que queda de la bolsa de cereales; la chocolatada de ayer para hija más chica.

¡Y galles no hay!

¡Vamos que papá los lleva a la escuela!

Sí, en el Falcón de mamá.

Sí, es de mamá, se lo regaló papá pero lo usa papá.

Beso a la grande, beso al del medio, beso a la más chiquitita.

Mu.   Mu.   Mu.

¿Alguien sabe cómo era el ruido de los besos?

Beso a...

Puajjj!

Hasta acá llegaron los besos.

Al él lo saludo con la mano y un chau, ¡que tengan un hermoso día!

¿Alguien sabe qué hacer con el mío?

Me desarmo por un momento, sólo un momento. Dudo, ¿o es un recuerdo? Percibo al tiempo como una acumulación de horas. Es la libertad. Esa libertad que te da ser adulto, esa libertad que no me ayuda a resolver los acertijos para escapar.

¿De cuál de los mundos? ¿El de acá o de más allá?

Y otra vez el miedo. Tengo miedo a estar sola. A estar. Todavía no estoy preparada para dejar el otro lado.

Apoyo la bolsanegra sobre mi hombro izquierdo. Refriego mi cara contra ella, busco algo de cariño. Parezco la perra cuando él la acaricia. Me paro arriba de la mesa del comedor trinchera. Pateo la ropa, los platos, las camisetas, las hojas, los lápices, la mugre y sus vidas.

Mi ritual más popular.

El desorden y yo, mi orden mental.

Dejo caer la acumulación de todos sin culpa. Me convierto en asesina. Mato la tristeza abandonada de cualquier cena familiar. Giro como un trompo y, cuando empiezo a caer, estoy en el avión invisible de la Mujer Maravilla. Soy tan vueltera como ella, pero sin identidad secreta.

Observo todo el territorio.

Ahora tengo el poder.

Soy la que vigilo.

El desorden me enorgullece. Es mi folklore futbolero. El suyo es cantar aguantando los trapos a espaldas de la multitud que alienta mientras espera con paciencia a que llegue la señal.

No controlo mis gestos, me río sin llanto. Las carcajadas me asustan. Estoy desacostumbrada a mi fervor. Siempre la juego de rival, soy mi propia adversaria, la amarga san silencio que no canta y corre sin parar.

La mesa del comedor es tribuna y abajo mi trinchera. El sueño Ingalls depende del paravalancha del que se lo mire. Cada uno con su bombo, caravana, festejo, besuqueo el guardapolvo de maestra como el beso cliché de cualquier jugador a su camiseta.

Emoción y cancha llena.

Nunca supe cómo explicarle que no me gusta el fútbol. Me fanaticé con su locura de amor, pasacalles que se repiten por el barrio, bocinazos, el cielo hecho tiros, bengalas y la familia. El humo naranja se confunde con los atardeceres pueblerinos. Las reglas pasan desapercibidas, pero los códigos los sé de memoria: patadas van, patadas vienen; me acostumbré a jugar para su equipo. Fiesta por todos lados, asado con la mano, abrazos y el grito de aliento: el que no siente se ahoga y la siento, es hija mayor, crece en mi panza como el bombo y dale, dale, ¡Matador!

Aturde.

Las estrías no le gustan y me voy, de a ratos, a la habitación del fondo para ver la ropa de mi vieja colgada en su armario de trapos y banderas.

Lloro.

Río.

Nadie sabe, yo tampoco.

Llororío.

Olor a mamá, el ocre de su piel, un hueco vacío, un modo de escape, sus libros entre mis cosas cuando busco un abrazo, flechas, líneas, paréntesis, garabatos en los márgenes y hojas arrancadas en el tacho de basura del baño de atrás.

MIERDA! ¡PONÉ PAPEL!

Mamá se muere, otra vez, como todas esas veces que quiero empujar al destino.

Salto de la mesa del comedor trinchera. Mi cuerpo está familiarizado con el abandono, no tengo miedo a perder nada. Virgen suicida. Estiro la bolsanegra sobre el piso. Me acuesto sobre ella, boca abajo, sostengo mi cabeza con las dos manos. Subo y dejo caer las piernas.

El descanso me inquieta.

A su lado soy un síndrome. Tomamos tereré al aire es libre. No te toco, pero me toca, no me queda otra. Me cuesta reconocer si me abraza o me envuelve. Hace años que no nos abrazamos. La última vez fue cuando ascendió, allá en el noventa y ocho, por entonces ya había empezado a construir el sueño Ingalls, yo en mi cabeza y él con sus propias manos mientras se chupa los dedos y los hace caminar por mi entrepierna.

Me mira entusiasta.

Trampa miel ya sin luna.

YO A VOS TE SIGO, VOS SOS MI VIDA.

Mecaniza el amor.

Me rodea con su lazo afectivo y comienza a explorar. Me saca el gorro de pionera y me puebla con la gorra del

Matador, su barra brava para el sol. Le atajo la intención y me siento con las piernas cruzadas sobre la bolsanegra.

El calor litoral provoca incendios. En su temperatura somos agua, el río nos corre. Se queda en cuero con sus tiradores pegados a la piel como el tatuaje de su madre.

Efecto visual.

Resalta la especie del lugar mientras el sol nos persigue. Sombras vienen a verme, sobrevuelan lo que soy.

¿Alguien sabe qué soy?

Su cuerpo me corta. Todo menos besar en la boca, repito como un mantra que lo intranquiliza. No soporto el cariño sin artificios. Acariciarme es lo mismo que acariciar a un reptil frío. Insiste, traspasa el guardapolvo armadura, me obliga a sentirlo, soy un desastre natural tirada en un descampado, terreno baldío, con pocas viviendas alrededor. Un incendio que arde sin humo.

Se oyen rugidos.

¿Alguien escucha?

Me levanto de un golpe; vuelvo a mis auriculares. El cable cuelga desde mi garganta hasta el bolsillo del delantal de maestra. Mi cordón umbilical, el que me ayuda a respirar del otro lado y nunca deja de latir mientras la música sigue en estado líquido. Giro por el espacio en mi más allá uterino. El vuelo rasante de los teros me advierte que están celosos. ¡Putitos! Quieren comer de la felicidad que sólo existe en mi odersaid, lejos de la realidad, pero los espanto con mi aliento hasta mi muerte:

JAU LONG, JAU LONG UILL AI SLAID
SEPAREIT MAI SAID, AI DONT,
AI DONT BILIV ITS BAD

Camino de un lado al otro. Parezco la loca Bielsa, me dice, mientras los hinchas se abren a su paso. Son los pasajeros que vinieron por el fin de semana largo y hablan maravillas de la atención.

Me saco el delantal y la amenaza no aparece.

¿Alguien siente miedo?

Quedo a la vista y no sé qué hacer conmigo. Me froto el cuerpo con la bolsanegra. Extraña en mi desnudez de enagua, con flores desteñidas y manchas de barro seco, practico la cordialidad, me esmero en carisma y sonrío.

¡Buen día! ¡Buen día! Desayuno artesanal para todas las cabañas. Todo tipo de mate cocido, recomiendo el de yuyos para una buena digestión; también tenemos café solo o con leche. Leche para acompañar o para el cereal, frutas, ¡TODAS!, las cítricas y las otras, pepino...pepino... ¡sí!, claro, quiero decir banana para el potasio. ¡I-DE-AL! Galletitas, pan blanco o de salvado, con o sin semillas, el que prefieran. Normalmente caseros pero hoy me dormí. Quedan algunos de ayer o este lactal nuestro de cada día que está muy bien. Tostadora a su derecha. Manteca, queso blanco, dulces varios. Este es de la zona: ¡CA-SE-RI-TO! Fiambres para la hinchada salada, tortas fritas para los fanáticos más dulces. Todo listo. Me avisan si necesitan algo más. Pero me avisan, ¡eh!, no sean tímidos, la cabaña madre está allá, en el más acá, timbre y enseguida estoy. Me avisan, eh, o les aviso, eh, como prefieran, total yo escucho todo. Guiño, guiño y en ningún momento me miran. Seguro algo de lo que dije sonó mal. Pienso. Soy rápida para darle al bocho. ¡No! El timbre, no. Mejor aplaudan. Tres aplausitos. El código, el código es importante. Doy unos pasos y me avivo, regreso a la sonrisa y a la actuación.

¡Ah!, casi se me pasa. Tazas, platos y platitos por allá. Cuchara, tenedor y cuchillos al lado. Cuidado con los cuchillos. Sólo sirven para untar.

Ji! Ji! Ji!

Se me va una risita torpe y sincera. Cómplices, ellos también se ríen.

El sueño del sueño Ingalls, lo único que me hace sentir que vale la pena, además de los desayunos artesanales.

KAPOW!

KAPOW!

KAPOW!

Corro oculta por mis pasillos mentales a los que prendo fuego. Él no huele nada, perdió el sentido, del olfato también. Me vuelvo. Bajo los auriculares al cuello. La música queda del otro lado y yo acá practico los aplausos.

CLAP!
Un aplauso si hay promesa de familia.

CLAP!
CLAP!
Dos aplausos si su ira está a la pesca.

CLAP!
CLAP!
CLAP!
Tres aplausos, descolgá la ropa y rajá.

Reviso mi cabeza: olor a birra y humo a la vista.

¿Alguien sabe qué soñaba antes de conocerlo?

Bajo de la euforia y me resigno a ordenar algunas de las cosas tiradas por el piso.

El desorden y yo, mi orden mental.

Todo vuelve sobre la mesa del comedor trinchera. Miro más acá, intento concentrarme, detrás de la ventana, huellas sucias, el paisaje horizontal desde el que se vigila con nitidez la cabaña en la pradera, precipicio del fin del mundo y los chicos corren felices, somos el descanso que gritan cada vez que nos sueñan.

Tirada en el pasto del fondo de casa, él se saca

al sol y se aprovecha, apoya su cabeza en mis piernas, huerta sin agua, busco sentir algo. Me corro la bombacha. Con la presión de los dedos el clítoris se endurece, lo humilla, huelo a sexo y él se hincha las pelotas. Me habla del cultivo, tomates, aromáticas, calabaza, lechuga y pepinos. Disfraza la rutina de picnic y el mañana es campestre.

Escribe en la tierra: Peluchín, te quiero!, como aquella vez en el asfalto de la calle California.

Fuerzo sonrisa. Mi cuerpo a la vista de todos y atrapado en lo que dice.

¿Y mi cabeza?

Más allá, en el fuego que armamos con su promesa, la llave de la cabaña y mi juramento: en las buenas y en las malas nunca cambiar la cerradura.

Las voces del mundo me vuelven a encontrar. Gritan mamá mientras dibujamos los árboles que vamos a plantar: liquidámbar, eucaliptus medicinal, pino elliotis sin nudos.

Hay que ponerle belleza al espanto y me oyen cantar.

Libero endorfina, soy independiente. Siembro y me engaño. Subo el volumen de la televisión. Así es como escuchamos música en familia. Viva, la paz de nuestro hogar. El cidi quedó del otro lado del reproductor de DVD. No quiso salir más. Por suerte es uno de los míos, el que me entretiene los pensamientos, pero a solas con los auriculares lo pienso mejor.

La canción me lleva.

Roud tripin uid mai tchu favorit alais

...

Its chaim chu liv dis taun
its chaim chu estil ewey
lets gou get lost

No sé si canto o es estoy enamorada.

¡Sí! ¡Perdámonos!

Perdámonos en cualquier lugar de Ríos.

Grito envuelta en la bolsanegra. Quiero bailar un lento. No me sale. Las canciones tranquis y los baños de inmersión no me ayudan a nada, ni a encontrarme. Los niveles de estrés se me cagan de risa. Hago unos movimientos de cadera. Tiro unos pasos básicos y me pisoteo. Soy un vals que nunca tuvo novio y el aire romántico toma control de mi cuerpo. Estoy como poseída. Estiro la bolsanegra sobre el piso y le dibujo una rayuela.

Salto

hasta el cielo, mientras la campana del timbre me reza.

Jau long, jau long...

Me expulso.

Patitiesa en las estampitas pegadas alrededor del timbre, sólo atino a extender la mano cubierta por la bolsanegra mientras la canción de fondo se vuelve hinchada:

Lets gou get lost,
lets gou get lost

El sonido se apaga cuando se sienten los **KAPOW!** sobre la pared. No los escucho por la tele, los oigo por toda la cabaña.

KAPOW!
KAPOW!
KAPOW!

El ruido me sobresalta.

Me trae de los pelos a la realidad.

¿Alguien sabe cómo hacer para que el otro sea otro?

Apoyo el oído contra la pared de troncos. Escucho los chiflidos de los pájaros y el barullo de las herramientas.

Suspiro.

La realidad no es para creerla.

Vuelvo al trabajo que me ayuda a no pensar.

¡Al Inodoro!, soy fanática.

Me arrodillo frente a él. La bolsanegra ahora es una capa atada a la garganta. Saco sin magia la escobilla para el baño. La clavo en la profundidad de su agujero de agua. Refriego, la mejor rutina de mi vida. Invento piruetas y los inodoros del complejo de cabañas deslumbran. Una ejecución impecable. Un diez perfecto. Mi mejor rendimiento deportivo. Soy la Nadia Comaneci de los baños.

No, no es una obsesión que tengo, es lógico, a nadie le gusta mear en un inodoro sucio y menos si está de vacaciones. Mear, vaya y pase. ¿Y si tenés que cagar? ¡Ah! ¡Qué momento, eh! Llegás corriendo... ¡OCUPADOOO! Siempre estoy bañando a mis hijos de bebés, sola, él jamás les limpió el culo.

¡EL CULO!

El mío, mi gracia corporal, ese que no se cómo, pero sigue siendo culo y habla de el en cada mensaje. Me aprieta para que le diga a ese que imagina que está conmigo, que lo uso todos los días. Pero si él también me lo usa todos los días, no da más, yo tampoco, es ahora, para él es todo ya, impostergable como sus ganas de cagar y cagar todo, hasta los libros de mamá deshojados.

Me quiere.

No me quiere.

Y el inodoro lleno de mierda.

¿Alguien sabe qué quiere?

No, a mí no me digan.

¡Sí, quiero!

Quiero que siempre estén brillantes.

Y le doy y le doy.

A lo único que le doy son a mis inodoros.

Que no quede nada más que aroma a limón.

Quiero!

Al sorete

hay que hacerlo circular, si se atasca cagué.

MIERDA!

Tengo que llevar el papel al baño de atrás.

DIS VELVETCH GLOV!

Me cubro con el guante de goma para limpiar.

Nada más lindo que estar protegida.

Nada más lindo que salir a cazar.

Nada más.

Nada.

Me gusta acariciar mi cara con el guante doméstico. Ese único gesto sincero, me gusta. Me gusta el terciopelo áspero de la goma. Sentir los restos, de vida, cruces marrones del sarro de mis inodoros, suciedad seca de golpe como el amor. Me gusta olerlo como cuando olía el tapado de mamá para que volviera.

Olor de sus heridas.

Olor lleno de caras antiguas.

Olor a vinagre blanco y a limón.

La memoria y la soledad tienen el mismo olor.

Se me viene ese deseo de cambiar las cosas, ese deseo que nunca llego a pedir porque siempre me agarra corriendo. Corro por la cabaña como Novicia Rebelde. Y se siente

como si de verdad saliera al mundo hacia ninguna parte. Revoleo la bolsanegra por el aire hasta transformarla en una red para atrapar mariposas.

Bzzz. Bzzz. Bzzz.

¿Alguien dijo moscas?
¡Son mariposas!
Ustedes siempre escuchan mal.
Y ahora rugen.
¿Las oyen?

Bzzz. Bzzz. Bzzz.

¡Mirá cómo aletean!
Bzzz. Bzzz. Bzzz.

Se creen libres las muy putas.

Arrogantes. Desconsideradas. Rápidas para volar en su mundo, mientras el mío planea en cámara lenta y gira al revés como el agua del inodoro en otra parte del mundo. Doy vueltas en círculo contrarios. Me llevo puestas las agujas del reloj y quedo enredada en la bolsanegra. Vuelvo a esta eternidad de ser nada hasta estancarme. Mi cuerpo embolsado se detiene de golpe, entre cáscaras de mandarinas y residuos de sentimientos.

Bzzz. Bzzz. Bzzz.

Voy saltando bajito, tiro malabares para sacarme el guante de terciopelo engomado. Lo hago volar por el aire. Cambia de forma. Le crecen dientes y parece una trampa para osos. Esquiva el engaño y la única que cae soy yo.

Me voy de boca.

¡Puta!

La próxima no te me escapás.

Bzzz. Bzzz. Bzzz.

Tirada en el piso, enroscada en la bolsanegra, me balanceo para volverme a formar. Desde estas alturas las palmeras brillan y mi cerebro suspira. Ahora no estoy. No estoy en casa ni en ningún lugar. Me escapo de las vivencias. Me escondo. Pica para mí debajo del lapacho rosado. Creció rápido y se paralizó, igualito al te amo en la tribuna del estadio que controla mediante la poda. La tiene clara en dónde hay que cortar, así previene el riesgo de caída y estimula la floración.

¿Alguien sabe de qué estamos hablando?

¡Ah! Del Lapacho.

¿Alguien sabe cómo se curan los árboles después de la poda?

¡Ah! Yo.

Herramientas sucias y oxidadas para que la cicatriz esté siempre enferma.

¿Alguien sabe de qué estamos hablando?

¡Ah!, ¡sí!, del Lapacho.

El desorden de sus hojas caídas,
el orden de mis pedazos
cachos de ramas
mi despojo
Descartes
de las partes innecesarias
Piensa y nunca existo.

¿Alguien vio mi todo?

Me destroza como al durazno, cacho de carne jugosa, dulce y ligeramente ácida para los besos. Manzana aterciopelada según su madre coraje y el hijo, el favorito del público, reparte los frutos de su espíritu como buen vecino que es. Sonríe en cuero y tiradores, explota el abandono rural de los campos que organiza en patrones, peones, mujer y tres hijos, sus recursos naturales ante la mirada de los nativos. Brota con su más sagrado y humilde código: intercambia camisetas. Hombre de reveses, disfraza sus sentimientos, también son cabañas, un aguantadero familiar para que su Matador natal lo olvide por un rato.

ME PASA QUE EXTRAÑO, dice.

¿Alguien sabe a quién extraña?

NO ME GUSTA LLEGAR A CASA, LOS CHICOS EN LA TELEVISIÓN, LA PERRA PERDIDA POR AHÍ, LA GATA SIN COMER

Y ¿VOS?!

NO SÉ QUÉ HACER SI NO ESTÁS, LAS CAMAS SIN HACER.

¿QUÉ PASA?

¿YA NO ME QUERÉS?

El fuego arde con palabras que no llegan a ser cenizas.

KAPOW!

KAPOW!

KAPOW!

¡Diez minutos tarde!

PUTA!

Diez minutos tarde y su duda empieza a comerme mientras me extraña. No puedo atrasarme, me hace el favor de cuidar a sus hijos cada vez que me junto a estudiar.

Me tapo la boca.

¿Alguien sabe si dije estudiar?

¿Estudiar?

Nada que ver, amor.

¡Cocinar! Si ya sabés, este delantal –beso la parte del guardapolvo que sobresale de la bolsanegra– es mi camiseta.

Bueno, dale, subí. Hace banda que te estoy esperando.

Fuerzo sonrisa. Cuando espera se cree todo.

Atrapada en la bolsanegra me doy calor. Intento sentarme. Sigo el movimiento de los brazos con mis pies. Muevo la cabeza hacia un costado y me inclino hacia abajo. Baile del robot en un abrir de ojos y mi esqueleto, rigidez de la muerte. Me siento como puedo. Orugada. Con las piernas flexionadas contra mi pecho.

Nuestra habitación en altura la construyó una escalera más arriba. Un espacio de reclusión. Un altillo de techo a dos aguas donde deposita el amor. Inmóvil, en silencio, con los ojos tapados, antifaz o capucha según su momento de amar.

¿Alguien sabe si el amor da sed?

Seis escalones de madera delgada y angosta. Zona peligrosa. Una especie de paravalancha al que se trepa para agitar que cogemos como él dice, sin juego previo porque bien que te gusta, putita.

¿Alguien sabe si me gusta?

Entonces subo.

Otra vez decido ser ese amor y esa promesa.

¿Segura?

Cuando nada es seguro todo es posible.

Me convenzo fácil, como ustedes.

¡Ves que te gusta!

Me viene un descanso y soy del pueblo, llanura capital. Las flores me cubren de la lluvia en el vacío de lo que alguna vez sentí. Quiero acabar. Con todo. Las bestias en el cielo, un humo que se esconde entre las nubes me sigue a todas partes cuando él no está, combina con la tranquilidad del miedo y del ambiente familiar.

Entonces subo.

Decido ser ese amor y esa promesa.

Las aguas termales nos brotan del suelo y nos hace turísticos, complejos, libres, disimulados como el clítoris erecto y la concha siempre húmeda, reacción natural ante el peligro.

¡Ves que te gusta!

Me talo mientras él convence.

Acá todavía creen.

Creen en el valor de la gauchada.

Los guachos creen. Son los que están más cerca de dios.

El pueblo sonríe histérico. No sabe si sentirse amenazado o es el tono porteño. Por las dudas creen. Necesitan un diablo porque todavía sobran jabrus en los campos.

Me levanto de a poco después de avivarme que también se llevó mis articulaciones. No quiere que me mueva. Tambaleo. Estar enroscada me desestabiliza.

Alcanzo a ponerme de pie.

Intento mantener el secreto.

Morir sin morir.

¡Quietos! ¡Quédense!

¿Escuchan?

Bzzz. Bzzz. Bzzz.

¿Víctima o sobreviviente?

La muy puta se aprovecha de las propias miserias.

¡Sí, la mosca! ¿Yo qué tengo que ver?

Su enjambre se instaló en mi sueño. Ocupan la cabaña, los restos de comida, los platos sucios, los juguetes caprichosos, las camas intranquilas, los terrores nocturnos, la vela de los amaneceres, los días payasos, el insomnio de la vida y la nada de los todos.

Aunque quieran no nos abandonan.

¿A quién les hace acordar?

Bzzz. Bzzz. Bzzz.

Somos un ambiente favorable para vivir como larvas en la naturaleza. La mierda como regla y el abuso es un detalle que sale con agua.

¡Ufff!

Hay manchas difíciles de sacar.

Respiro a suspiros. En el más allá lo llaman angustia. En el más acá, dormí sin llave, de este lado podés dejar todo abierto, nunca pasa nada.

¡Ay, la soledad del campo!

Tan patotera y refrescante.

Tan segura de su tranquilidad.

Tan y no mucho más.

¿Soledad, sos vos?

...

¿Alguien sabe en qué estaba?

MIERDA!

Tengo que llevar el papel al baño de atrás.

Lo busco en todos mis lados o eso me hago creer. Por los rincones, detrás del sillón, debajo de la cama, las alacenas, el baño, ropero de mis hijos, en el bolsillo de mi guardapolvo, el agujero de la campana de timbre y en la bolsanegra. Camino en círculos perdida por mi propia cabaña. Mi sueño Ingalls es un laberinto del que trato de desenredarme y termino llena de nudos.

La bolsanegra se convierte en piel, residuos de mis sentimientos, me deja cada vez más envuelta en su todo. Me estoy cayendo dentro y siento que alguien ya estuvo acá.

A los tumbos o como puedo sigo en la búsqueda. Confundo deseo con memoria. Medito en el sueño más cálido. El lapacho parece un árbol y yo una mujer

de la vida real.

¡Al final todos nos parecemos!

Somos el Bonsái de otro.

Me libero de manos y sigo envuelta. Engaño a la bolsanegra y cambio de dirección. Giro por completo.

Desenrosco. Toda, me desarmo, menos a mis pensamientos, una enorme tuerca oxidada. Siento en la cara el aire de la risa. Tiempo libre. Me esfuerzo para que vea que gozo. Los chicos se dan cuenta de que no me gusta.

CRASH!
Agghh!

CRASH!
Agghh!

CRASH!
Agghh!

A ellos les gusta menos, pero la que no se da cuenta soy yo.

Bzzz. Bzzz. Bzzz.

¡Que nadie se mueva!
Me tiene quieta.
Con la mano del guante me cacheteo la cara.

¿Alguien sabe si la maté?

Empiezo a babear.

Rabia del color de la leche, mala, igual a la de la perra por tantas veces que la atamos. Ladra y el grito ya es una costumbre de toda la comunidad. En la siesta aturde, aunque no es muy diferente a la ciudad. El grito no tiene frontera, habla el mismo idioma, tiene la misma tonada y es igual en todas las religiones.

¡DEJAME SALIR!

El grito de dios.

El resto, lo que somos, escarbado entre mis uñas.

Me subo los auriculares. Me entrego. Del otro lado me desarmo, me desarmo por un momento, sólo un momento, como si me acordara de algo o dudara de...

JAU LONG, JAU LONG UILL AI SLAID
SEPAREIT MAI SAID, AI DONT,
AI DONT BILIV ITS BAD

Busco consuelo en otra realidad porque la mía es una pena de muerte. Pego saltos con algunas partes del cuerpo envueltos en la bolsanegra. Las balas se empiezan a perder. Me agacho. Esquivo. Casi me despeina. Vuelvo a levantarme. Reflejos rápidos y años de práctica. La posición defensiva es muy importante porque es difícil contratacar cuando se está muy cerca.

Se oyen tiros, pero la perra no ladra. El blanco todavía son árboles, pájaros o fiestas. Antes de que se terminen los animales y las celebraciones, antes de que se termine todo, meto la mano dentro de mí, en la bolsanegra, y saco el sueño Ingalls de la tierra.

Termino de desenroscarme.

Sacudo el polvo y me muevo. Siempre es más difícil golpear a una cosa que se mueve o vuela.

El sueño Ingalls, muy parecido al petróleo, al que exploto por un lado y cultivo disfraces por el otro mientras él fumiga:

Voy a estar siempre con vos, Peluchín.

Así me nombra cuando ¿me quiere o no me quiere?

Efectos agroquímicos.

Pongo el cuerpo y las palabras.

¡Devolveme mi nombre!

Me toma de la mano. Manipulación frenética como canción de cancha. Sus canciones son un virus. Olor a él entre los dedos progresan en mi vida como el tren que llega al pueblo. Sobrevivo. Me consuela la naturaleza, es su instinto. Soy un espejo de lo que pasa, un número más en la lotería y en la televisión. El dibujito animado preferido de mis hijos que suben el volumen para que escuche mi canción, su forma de taparse los oídos.

Acá todo es dígalo con mímica.

Del otro lado, vos y yo.

Clous chu mai eskin
Aim folin in
Samguan ju bin

Intento bailar. Se me cruzan los pies como respuesta emocional. No me queda otra que cantar con la boca cerrada mirándome fijo en el agujero sin orificio de salida de la campana del timbre.

Sittin' bai de foun
Aim left aloun
In anoder zoun.

La bolsanegra en mi boca.
Tiendo la mano y del otro lado...

ustedes y yo
en estado de gracia.

Aparecemos.

Desaparecemos.

La bolsanegra juega a ocultarme.

Todos somos ausencia.

Vivir es un oficio peligroso, pero él dice que vale la pena. Entonces me quedo helada, lo que mejor sé hacer y ser. Del guardapolvo saco otras bolsas. Las ubico simétricas y prolijas; una por una en el piso.

Prepara la tierra antes de cultivarme.

Herbicidas potentes de origen bélico.

El amor es un negocio, si hasta parece un sojero.

¿Alguien sabe si soy su guerra?

Pulverizo anticuerpos iguales a los que genera la superficie de los campos, cada vez más resistentes al amor y a los tóxicos. Pelea por mi vida. Me trata con medicina alternativa y su lloriqueo me persigue de atrás.

Me confundo y salto sobre las otras bolsas, también negras, ordenadas por cultivo. Huecos sin salida como el de la campana del timbre. Las piso de un lado al otro. Doy saltos de rayuela y acelero un poco más. Cuello de lechuza y ojos de lince, juego a que adivinen qué animal soy, mientras él se esconde por todos los espacios de la cabaña.

Los chicos no lloran excepto cuando juegan. Recién ahí dejan de ocultarse y les grito:

¡Pica, pena!

Hijo del medio aparece como parásito somnoliento. Comienza a salivar, él también necesita marcar su camino. La más grande ya aprendió a usar la escopeta. Caza y las moscas caen de a una.

¿Y la más chica?

Aprieta los ojos

¿Duerme?

Se hace la que duerme como todos en el más acá.

Lo que no grito, me gritan:

¡Tramposa!

Es que nunca me encuentran y siempre los pico. Soy la escondida de su escondida en cada ladrillo, residuos, migajas, derrumbe.

Bzzz. Bzzz. Bzzz.

Me quedo quieta sin hacer ruido. Los tres hijos aprendieron a taparse la boca solitos. Afuera de la cabaña, golpes de martillo. Sinfonía de herramientas. Vuelvo sobre mis pasos, destapo a los chicos y el sonido aumenta hasta que nos acostumbramos y desaparece con su grito:

"¡Hey, beibi!"

Sonrío con cara de boba o me la imagino. Rápida y furiosa me pongo los auriculares y ya lo siento.

¿Anthony, sos vos?

No quiero que me vea así. Mi casa es un chiquero. Desesperada empiezo a patear las cosas del piso. Las escondo debajo de la mesa del comedor trinchera, junto a mis ofrendas. Me acomodo el delantal de maestra, me arreglo un poco el pelo, hago un bollo con la bolsanegra y la meto en el guardapolvo. Me estoy secando como cabra vieja.

¿Alguien sabe si le gusto?

Me miro el cuerpo.

¿Alguien sabe cuándo me lo cambiaron?

Los dedos me sangran. Tengo manchas por todas mis partes igualitas a las de mis inodoros turísticos.

MIERDA!
Tengo que llevar el papel al baño de atrás.

Consumida de la cintura para abajo. Huelo a betún y almejas. Boca rancia, piel y hueso. Efectos de los plaguicidas. Empezá terapia, me dijo el pediatra de los chicos, pero me distrajo el amor.

Voz de silbido y el nombre de siempre.
¿Anthony, sos vos?

KAPOW!

KAPOW!

KAPOW!

Otra vez la desilusión. Sombría me bajo los auriculares y el pelo recupera la misma postura. Saco la bolsanegra del delantal. Me agarro firme a ella con la mano del guante. Revoleo la otra. Formo remolinos de vientos y espanto el dolor que tiene el mismo aleteo de una mosca.

¿Escuchan?

Bzzz. Bzzz. Bzzz.

¡Ya voy, amor!

¡Ves que te gusta!

Otra vez pongo el cuerpo y las palabras quedaron en el Palo Borracho, cobrazón tallado que sangra iniciales, letra muerta como el cartel de entrada también desfigurado:

ACCESO A LOS TRONCOS PETRIFICADOS!

Sobre la mesa del comedor trinchera, en posición de india, tiro al piso las cosas que hay encima de ella y de mí. Me cubro la espalda con la bolsanegra, falso tapado de mamá. El fresco de los veranos de río, aplasta el calor y las imágenes estáticas de mi sueño Ingalls. No puedo identificar bien las barreras, los alambrados están cubiertos por la Dama de Noche.

¿Alguien sabe si es su mamá o la enredadera?

Viajo en la fruta y en los pepinos que trae del pueblo. Igual que a las moscas, también me resulta difícil escapar.

La muerte ya me parece un lugar común.

Salto de la mesa comedor trinchera, camino con la bolsanegra sobre los hombros. Si me quedo quieta, pierdo. Escapo de las cosas tiradas por el piso mientras aplasto y pateo las otras bolsas, también negras.

Me convierto en vagabunda que se arrastra por el pasto.

No tengo tonada ni religión.

Rapiñas y teros juegan a la mancha.

MIERDA!

Tengo que llevar el papel al baño de atrás.

Me escapo de las vivencias y mi cerebro suspira. Navego entre los árboles mientras la cabaña chorrea moscas.

Me abstraigo en la niña que fui.

¿Alguien sabe a qué jugaba antes de conocerlo?

Arrojo mi infancia al río. Rebota más veces que las piedritas que me enseñó a lanzar mamá a la laguna. Mis lágrimas quedaron huérfanas en medio de la ciudad.

Pensar es sentir.

Quiero que los camalotes me lleven.

¿A dónde voy a ir?

Mamá está muerta y un gran amor no termina siendo espuma de agua dulce.

¡Ves que te gusta!

Sigo las instrucciones: pasar tiempo en familia.

Un bucle.

Un paisaje de incompatibilidades humanas.

Mandato impuesto donde nada se ve con claridad.

Ojos transpirados de calor litoral, nublados y confusos entre las voces animales y las otras voces.

Bzzz. Bzzz. Bzzz.

Dejo de pisar todo.

No hay nada más roto que yo.

Camino rígida, lenta, sigilosa, con el cuerpo inclinado hacia adelante.

Me quedo quieta.

PLAFFF!

¡Tomá, mierda!

Estás muerta. Bien muerta estás.

Limpio el guante. Lo tiro en la bolsanegra junto al cadáver, sombras del pastizal. Los huecos en las ventanas cerradas están pensados para que entren las moscas.

Tengo buena puntería.

Para todo menos para mí.

Y apunta

a donde no me lo espero. Los tiros que se oyen no son de caza ni de pelea entre hombres. Acá todo es negocio de los que viven y las que mueren.

¿Alguien sabe de qué lado están ustedes?

¡Bzzz!

¡Bzzz!

¡Bzzz!

¡Eso!

En boca cerrada no entran moscas.

¡SILY!

La mesa del comedor trinchera sirve para todo.

¿A quién les hace acordar?

La lleno de harina y tierra, corto los pepinos con la lima de jardinería para que queden parejos. Recién ahí, mi mente exhala.

Le gusto cuando cocino.

Cocinar hace que las cosas sean más simples en las mañanas que son de guerra.

Fácilmente recuerdo por lo que estoy luchando,

los chicos no hablan.

¿Alguien ve a mis hijos?

Les tienen miedo a las moscas. Todas las noches hacen nido en sus bocas mientras matan las arañas en sus cabezas, pasan las horas y cazan libélulas, las únicas capaces de multiplicar los colores de nuestro hogar.

¿Alguien sabe si son mi naturaleza?

Tengo el mismo cuerpo de bicho, alargado, sin forma, consumido por las caminatas de carretilla entre ladrillos y troncos de madera. Así me vive y lo vivo, aturdida por los ruidos de herramientas y el ardor del clima. Pero soy cuando me dejo estar y respiro, aire de sus alas, libélulas, fuertes y transparentes. Cincuenta latidos por segundos y mi pulso disparado, lleno de agujeros por minuto, una esperanza de vida reducida en su abrazo.

¡ZÁCATE!

Clavo la lima en un pepino. Mi expresión más espontánea. Retuerzo la bolsanegra sobre mi pecho. El dolor es agudo y punzante. Mi corazón reacciona, pierde el color y quiero taparlo con un trapito empapado en anestesia. La presión aumenta, la sangre apenas circula, se concentra en mi sexo, late como en una primera cita.

¿Será ahí que me olvidé las alas?

Agarro el pepino con la bolsanegra. Saco la lima clavada en su herida y paso la lengua para que cicatrice rápido.

Me suelto.

Vuelan libélulas que juntamos con hija más chica a la orilla del río. Quedan pocas. Un número más y cantan bingo.

¡Zuum! ¡Zuum! ¡Zumm!

La velocidad de su vuelo me inspira. Imito el aleteo con la bolsanegra como capa. Vuelo mejor de lo que bailo, quiero que lo sepan, creo que lo saben. Es que las muy reventadas mariposean por su existencia mientras yo intento que él viva en un clima de inseguridad constante. Mi lado oscuro de la naturaleza. Las balas siempre le hicieron cosquillas; mis alas arrancadas, obstáculos que desatan enojos.

Empiezo a correr maratones en línea recta hasta dormirme y dármela de frente.

Me respira.

Estiro la mano con la bolsanegra para frenarlo.

Besos en la boca,

¡NO!

Es demasiado personal. Lo esquivo. Las libélulas se adueñan de la cabaña y atacan, revolucionarias, liberan mi pueblo de insectos y controlan la fiebre que son los días en el campolitoral. Se sienten libres como nuestros hijos cuando ríen, juegan y son niños.

¿Alguien sabe a dónde están mis alas?

Tiro harina sobre la mesa del comedor trinchera. Lanzo tierra al aire.

Mis caballitos del diablo llegan a todos lados. Les doy de comer. Comen de mi panza los residuos del amor, polinizan las estrías de cada embarazo, devoran mi descomposición, son ruidosas y adoran el sexo.

¿Mosca o Libélula?

Libélula de mandíbula feroz igual a la de la perra. Ya no nos distinguen. Nos llaman de la misma manera y somos la presa a la que siempre atrapan.

A ella con la boca llena de gallinas; a mí, con los ojos llenos de huecos para decorar lo que él mira.

¿Alguien sabe si ustedes ven lo mismo?

Los pasajeros hablan maravillas de la atención, me felicitan por el desayuno y por el brillo de los inodoros. Me golpeo la cabeza con la lima mientras él disfruta de mis olvidos. Tiene la risa contagiosa de *Bags Banny*, es una broma pesada y nunca pierde nada. Los chicos se contagian, me miran y se ríen encima.

MIERDA!

Tengo que llevar el papel al baño de atrás.

Me escabullo en el pelaje de los pasajeros. Los días siguen como la familia: disecada en el sueño Ingalls. Los vestidos de mamá, todavía la huelo, colgados como el yugo en mi cuello con forma de cobrazón. La media medalla de los enamorados pica, aguijonea, es fea, pero ayuda a trasladar el cemento en los hombros. Él se quedó con la carretilla, yo, el carromato que lleva el material a las cabañas en construcción. Estiro la bolsanegra por el cuello para que el impacto no sea tan fuerte. Me agarro de los extremos, equilibrio, el peso y la vida.

Tengo el paso domesticado, marco el ritmo, tracción a sangre.

¿Alguien sabe cómo era bailar?

Hija más chica me enseña a menear. Un movimiento cíclico remite al tiempo y al poder represivo de la tradición. La forma se hereda como el equipo de fútbol del padre. La vida y el destino.

Vomito.

Me crecen músculos en el cuello.

¡Acá crece todo!

Y no puedo deshacerme de nada.

KAPOW!

KAPOW!

KAPOW!

Me estrujo en la bolsanegra. Vuelvo a cocinar sobre la mesa del comedor trinchera, el único lugar posible, la cocina sólo tiene calentador a garrafa y sirve para nada.

Ahí viene.

Con alegría.

Cantando el señor.

Está en la tranquera consumida por la ferocidad de la Dama de Noche, su condición en el único letrero que no está tapado por la maleza.

Lo dibujaron los chicos:

CUIDADO, MATADOR SUELTO.

Rápida de reflejos escojo una cerradura y tiro la llave al río.

Hace sapito como las piedras en la laguna con mamá.

Rebota por la superficie hasta desaparecer.

El miedo refresca.

Soy risa y huelo a niña.

Me subo los auriculares. Me entrego. Del otro lado me desarmo, me desarmo por un momento, sólo un momento, como si me acordara de algo o dudara de...

JAU LONG, JAU LONG UILL AI SLAID
SEPAREIT MAI SAID, AI DONT,
AI DONT BILIV ITS BAD

Me acerco en mi indiferencia. Camino sin ser comandada. Nos dejamos llevar. No le dirijo la palabra y él empieza con las onomatopeyas de superhéroe:

¡BOOM!
¡CRASH!
¡POW!

Se choca con todos.

Señal de su cruz en mis venas.

Nació mirando a Cristo.

Marcas en las paredes o puertas cuando deja de volar. Las manos con llagas, manchas de sangre.

¿Entonces la de los inodoros son heridas?

Me escondo debajo de la mesa del comedor trinchera. Dejo una botellita de agua acostada, una más, a los pies de las botellas de cerveza vacías. La beso, pero no sé pedir milagros. Soy su estigma y hago lo que me sale: lo premio con caricias o comida. Analgésico. Reprimo la memoria. La familia me consume. Los chicos entran corriendo, tiran las mochilas de fumigación en su pieza donde se hacen los despiertos.

Les sigo el juego, yo sé que duermen.

A pesar de nosotros, a pesar de sus ruidos.

Por fin la sinfonía de herramientas.

Por fin se fue.

Zafé del fin.

Me saco los auriculares. Salgo de la trinchera mesa del comedor, dejo de esconderme, pero me cubro por si las moscas. Sacudo la bolsanegra, la pongo sobre mi cara. Parezco una muerta al sol; le gusto carbonizada.

La historia de una mujer en las mañanas que son de guerra.

Me repito.

Me cuento y soy

la misma historia.

Me quedo afuera pero no para pelear.

El cielo parece tragarme.

Tropiezo con los atardeceres, el degradé de los campos verdes, zona de plantas acuáticas y un río que arranca todo, limpia las arterias hasta cortarme la vida. Le echan la culpa, lo llaman violento por su cauce, que no son excusas, mientras le tapamos la boca y contaminamos de olvido.

¿A quién les hace acordar?

Dale que va, si tengo todo: tierra, árboles, pepinos, comida criolla, corrales, libélulas de agua dulce, el privilegio de dejar a los chicos solos porque en el más acá no pasa nada.

Todo es demasiado.

¡Desagradecida!

Me mide por la rentabilidad.

¿Alguien sabe qué me da la cosecha?

Otra vez a las corridas por los lados y por los otros. Mujer caretilla, me junto como cosa, a las otras las levanto del piso y las guardo en la bolsanegra sin fondo.

Corro como Laura Ingalls para encontrar a Bandido. Me faltan las trenzas y las pecas para desafiar al mundo. Debe ser eso. Llego hasta la casa del cuidador del chancho jabalí, nuestra anti-cría, tierno macho blanco y rosa ultrajado en su sexo y aturdido por los hierros candentes.

Le doy de comer como a todos. Arrojo las cosas que junté por el piso de la cabaña, también alimentos en mal estado, también me arrojaría, pero no me come, soy su animal preferido.

Me aprovecho de su carne

¿Para qué se va con un desconocido?

Atolondrado, vive lo que le queda sin piel por los tirones y la presión de la bota del cuidador

¿No se resiste lo suficiente?

No quiere comer, pero en realidad quiere decir que sí.

¡Ves que te gusta!

Es un provocador. No le alcanza la cantidad de pajas que tiro en su lecho para mantenerlo caliente. No responde al cuidado. Es un bufón del amor. Le escribo te quiero con maíz, sorgo y trigo y el muy cerdo no nos da ni para comer. Encima no puedo gastar los centavos que quedan del vuelto, porque las cuentas tienen que cerrar. ¡Está todo anotado! Les doy pepinos a los chicos para que lo huelan y distraigan el hambre, mientras juntan saliva y se llenan la panza con agua.

Engorde natural.

Le digo al cuidador que proceda al sacrificio.

No hace falta taparse los ojos, es casi imperceptible a la mirada.

¡Dale, no jodan!

Si ya están acostumbrados.

La naturaleza me da risa.

¿Me estoy riendo?

¿Alguien sabe si se escucha

eso?

Eso de naturalizar exalta la crueldad y la educación.

En el pueblo todos nos saludamos. Y se me quedan mirando. Me tienen lástima. Es que yo también me sacrifico, aprendí a vivir sin dolor, a vivir más distendida, a vivir sin tocar la vida.

No pasa nada. No pasa nada. Acá nos conocemos todos.

Dejo siempre la puerta abierta y nadie se anima a entrar. Si lo único que me robaron fue el miedo.

A mí no me va a matar.

Me subo los auriculares. Me entrego. Del otro lado me desarmo, me desarmo por un momento, sólo un momento, como si me acordara de algo o dudara de...

JAU LONG, JAU LONG UILL AI SLAID
SEPAREIT MAI SAID, AI DONT,
AI DONT BILIV ITS BAD

La tristeza huye de una manera que no quiero. Los teros en su carrera se detienen y le lanzan picotazos. La bolsanegra ahora como lienzo de torero y yo convertida en un ¡Olé!

Los teros se aferran a él, ese pedazo de tierra que le arrebató mi sueño. Se rehúsan a dejar el campo a pesar del arado violento.

Me bajo los auriculares, los dejo colgados al cuello, necesito estar los más acá posible. Me concentro y los sigo toreando. Intento encauzar la embestida, pero le cubren la espalda. Ponen huevos en su cancha y vienen a gritarme a la cabaña. Entonces escucho:

¡HAMBREEE!

Suena lento como gol agónico.

ZONK!

ZONK!

ZONK!

Golpes de vaso sobre la mesa del comedor trinchera. Es rítmico. Agita el brazo derecho. Salta y grita el cantito del simpatizante. Me expongo a riesgos necesarios.

¿Alguien sabe si existe el empate?

La familia come siempre lo mismo; yo también, trago la saliva que junta hijo del medio. Me cree desierto.

¿Alguien sabe qué es el hambre?

Me concentro en los sabores, en el gusto y ese olor a concha.

¿Alguien lo huele?

Los teros esperan hambrientos mientras él se sienta a esperar la comida. Los chicos con la actitud de siempre cuando están con nosotros, suben el volumen de la televisión para que escuche mi musiquita así dejan de escucharnos.

Isily lets get kowt ina weiv
Isily ui wuont get kowt ina keij

¿Alguien sabe quién es Shao Lin's?

Evryzing mast gou
Lukin' maidy taied of
Oll de zings dat iu oun
Evryzing mast gou

Cuando cocino me creo una más de la tele. Rebozo los pepinos cortados con tierra. Revuelvo y río. Tiro el agua de mis botellas de santa; preparo una mezcla con harina. Piso huevos, mi forma de bailar. Bato entusiasta y pienso en el futuro del otro lado. Acá comprarlo sale caro. Muevo la boca para cantar, la mejor manera de afinar y de que él se calle. Mi cara empolvada de blanco. Poseída. Anoto la receta en la parte de abajo de la mesa del comedor trinchera. Mi diario íntimo, una superficie interior de madera.

Pepino.
Harina.
Pepino.
Agua.

Pepino.

Huevo.

Pepino.

¡Un clásico!

Huelo la preparación

KAPOW!

KAPOW!

KAPOW!

Me evaporo en el aire.

Malditos KAPOW! que me devuelven al más acá.

Y me cercan.

Se acerca.

Llega a mi hacienda.

Vomito.

Las moscas lo ven y le mueven la cola. Transpira la camiseta. Parece un cuidador de chancho alzado y yo la cerda inseminada. Abuchea porque todos mis tiempos son flojos.

Agarra un pepino, lo muerde como manzana.

Se le inflama el estómago.

Eructa.

PUTA!

Hay que sacarle las semillas.

MIERDA!

Tengo que llevar el papel al baño de atrás.

Un vapor de azufre empaña las ventanas, nos nubla. Las libélulas chocan una y otra vez contra los vidrios. Vuelven a ser niñas. Se dibujan, dejan su huella, ángel de nieve, silueta de muerta. Siento el frío. Tiene el tabique blanco.

¿Alguien sabe si estuvo cocinando?

Él sólo consume. Busca mi olor. Me guiña el ojo, falsa democracia. Atrapo su gesto con la bolsanegra antes de que me ciegue.

Ser mujer requiere impulso, reflejos, concentración y fuerza mental.

Se re quiere

ser

Mujer.

Afilo el cuchillo con la lengua.

El amor me hace dudar y el dolor me da todo lo que necesito.

No quiero más besos

¿Cómo que no soy demostrativa?

Fuerzo sonrisa más torpe que el beso que le tiro de lejos; de cerca me lo limpio y lo arrojo a la comida. Un condimento más. Aceite, harina, chorrito de vinagre blanco, perejil, ajo, algún fruto seco y el sabor nunca más va a ser el mismo.

Sigo a puñaladas. Con la lima de jardinería acuchillo a las verduras. Me corto en rebanadas, al pepino en cubitos y a este más venoso lo reservo en el bolsillo del guardapolvo. Así, entero y sucio, ideal para las tostadas de atún.

El delantal huele a las almejas, yo también. Sabor amoníaco por fuera y por dentro, bien jugosas como la salsa fácil, rápida y muy fresca. De Betún.

Ji! Ji! Ji!

Receta de la abuela, su mamá, la que consuela a Cristo y enseña a cocinar su comida preferida, de fuerte sabor, para que nadie la tape.

Todas las salsas llevan azúcar.

Son muy adictivas.

Sal y pimienta a gusto.

Un sofrito alegre. Fuerzo sonrisa y voy empanando los pepinos en vinagre con los cereales de chocolate de los chicos.

El vinagre siempre para atenuar los olores barrabravas.

El resultado, ¡soberbio!

Soy la casera de su propia comida, a la que deja reducir unos minutos.

El olor atrapado en los pocos muebles y en la cabaña de madera. Polvito blanco en la tabla del inodoro y bicarbonato de sodio por todos los rincones. Vean miren, vean miren, ¿ven? el aderezo está súper cremoso y las conchitas crujientes, embetunadas con tierra. Un balance perfecto hasta que cenamos.

¡Simulacro de show!

Me cobra la ración de comida y soy su acceso a agua potable.

¿Alguien sabe si la cena era terreno neutral?

¡Bzzz! ¡Bzzz! ¡Bzzz!

¡Silencio!

En la mesa no se habla.

Convierto la bolsanegra en una pelota de plástico y camino en círculo. Acorralo a la mesa del comedor trinchera, el único tablón que nos une y nos miente creyéndonos familia. La rodeo sin maltrato animal ni del otro. Apenas jugamos al huevo podrido.

¿Alguien sabe quién es el distraído?

Hija más chica dormida con la cara en la salsa, el del medio sin hambre porque ya tragó demasiada saliva y la más grande a pleno malabares para que las almejas no le lastimen el herpes labial, un gesto cariñoso del padre cuando su anillo de oro, herencia familiar, le rompió la boca y la silenció con sangre. Por suerte no lloró más y se juraron amor eterno.

Me da bronca que lo quiera

¿Alguien sabe por qué lo quiere si yo ya lo dejé de querer?

Él la ayuda en todo, se come lo que hay en su plato y las sobras que deja ella.

Lo familiar se vuelve tóxico.

Suspiro y me dice: ¡Mamá!, lo que pasa es que vos estás resentida.

Así lo dijo:

RESENTIDA!

Dijo:

RE-SEN-TI-DA!

Re·siento.

Re·sentido

Pésame.

Mi más

Y todos sus menos.

Re·Sentida!

¿Alguien sabe cuándo terminan de comer?

Después yo soy la áspera.

Aburren y me tildo en el espacio del agujero en la campana del timbre. Devuelvo la mirada; miro la situación real. Somos gente simple. Aprendemos de la soledad y de las balas perdidas que se sienten como veneno.

Vuelvo a mirarlo. A la campana

Una.

Dos.

Tres.

Nunca fui buena para pedir deseos. Tampoco para echar el ojo en eso de la percepción del movimiento y la agudeza emocional.

¡Bah! Ni para echar a nadie.

¡Bah! Ni para echarlo.

Me crucé con insectos de todo tipo y terminé estampada en su radiador. Un Falcon celeste óxido que me regaló para que pueda alejarme diez kilómetros de su campo visual. Ir a la carnicería, comprar doscientos cincuenta gramos de carne picada que finalmente fueron doscientos diez. Esa pequeña maldad de una gran persona como es el carnicero, me condenó a las almejas y a una libretita de gastos a la que le muerdo las puntas, cuando aburrida, me pinta el bricolaje.

Yo que te dije a vos, **DOSCIENTOS CINCUENTA GRAMOS!**, ¿no? Mucho delantal de cocinera – *¡MAESTRA!*, digo moviendo la boca–, pero ni para eso te da.

Me da.

Para que tenga.

Parece que hago todo mal.

Resto.

Las sumas no dan.

Me pongo la bolsanegra de vincha como Daniel San en Karate Kid.

Posición de grulla.

Sin reacción.

Sólo me queda hablar o resistir.

Quien ama, llora... ríe

Llororío.

¿Quién ama a quién?

¿Alguien vio al amor?

En forma de corazones escribo los centavos en las paredes garabateadas con su ira. Poeta del tablón. El sonido de las herramientas me da esa tranquilidad que necesito. Está en otra. Me des(h)echo por ahí entre las malezas como cualquier presa. Busco algo de sombra. Los teros me lamen, me dan por muerta, pero se aterran con mi vida de un golpe. Florecen Irupés al lado de la ruta. Las miro fijo. Tengo ganas de saltar al asfalto, que me atraviese, que me lleve un camión por el Mercosur.

Re•puesta.

Y sus cruces sin control.

Y mi corazón en desacuerdo con lo que pienso.

¿Alguien sabe si se extraña a la persona o al recuerdo?

Mejor me voy a limpiar la maraña del cartel de

ACCESO A LOS TRONCOS PETRIFICADOS!

Acá se oculta todo, hasta la entrada al pueblo. Y quién te dice, siempre es un buen momento para que llegue Anthony y me avive por lo que estamos luchando.

Intervengo el letrero con colores chillones y letras negras:

"Por favor no abusar".

Después le agregaron:

"Por favor no abusar de Internet"

"Más amor por favor "

"Amar es un favor".

(Yo no fui)

"Soja o muerte"

Y así hasta taparlo todo con desesperaciones que resuenan en las mentes de cada vecino.

Se convirtió en altar.

Nadie sabe cuanto durará en pie esta obra rutera, pero en la memoria de un pueblo difícilmente será olvidada.

Acelero.

Vuelvo derrotada por la zanja. No cruzo a nadie. Derrapo. Me encierro del lado de adentro, acumulo cosas en la cabeza y afuera de ella. De algunas vergüenzas no me puedo escapar.

Me río de mi misma.

A veces no sé si estoy actuando.

No me queda otra.

¿O sí?

¿A dónde voy a ir?

Mamá siempre está muerta.

CALIFORNIQUEISHON!

♫ Mamatador, Mamatador
Mamatador Mamatador ♫

Canto con sentimiento.

¿Alguien sabe la letra del Matador?

Canto con ese tono de cancha que me vuelve tan adaptada y natural.

Canto y me gusto, así, entregada a la melodía de la canción de los Cadillacs, toda mi verdad, la suya, un vaso vacío, despedazos de amor.

Me agito fanatizada con la camiseta de su club en una mano y la bolsanegra siempre en la otra.

Aliento hasta la vida.

♫ Mamatadooor, Mamatadooor
Mamatadooor Mamatadooor

Le dicen el Matador nació en Victoria
Construye las cabañas,
también engaña
Los sábados a la tardeee
se va a ver al matador
cuando se pianta a Tigre
la campeona soy yo

Mamatadooor Mamatadooor
Mamatadooor Mamatadooor ♫

¡Canten, putes!
Me paso de fanática.
Hay vida en mi garganta.
Revoleo la bolsanegra con el aguante de su verdad.

♫ Mamatador Mamatador
Mamatador Mamatador ♫

Cantá, **PUTA**! Cantá!

Me sé todas las canciones de memoria. No parece, pero tengo mucha cancha. Soy la barrabrava de mi vida. Me quiero más que a las botellas difuntas, altar de mis noches, cuando a él se le da por buscar mi olor y encuentra el suyo escondido en todas mis ruinas.

Lo guardo.

Acumuladora compulsiva.

Guardo de él lo que alguna vez sentí.

¿Alguien sabe qué sentí?

¡Celos!

De esa

Des•animadora de programa infantil.

¡Miedo!

De sufrir por alguien.

¡Abandono!

Heridas que muerden la carne.

Las únicas que me enseñaron a transpirar la camiseta. La camiseta histórica, bolsanegra encuadrada a mi cuerpo, una de mis preferidas, la que nunca se lava y está firmada sólo por él.

Vuelvo alentar mientras el hincha tira fuegos artificiales. Luces que nos hacen festivos y encandila a todos para que no vean lo que ven.

Me tapo los oídos.

Los petardos me asustan como la perra que soy.

Le dicen el Matador...

Me oyen cantar.

De tanto Mamatador apenas me queda aliento.

¿Cuándo se murió mamá?

MIERDA!

Tengo que llevar el papel al baño de atrás.

Organizo la cabaña para no pensar. Escucho que el primer paso es deshacerme de lo que no uso ni quiero.

En la bolsanegra no entra.

El espacio es siempre el mismo, el desorden y yo, mi orden mental. Voy de un lado al otro. Huyo de las cosas que cambio de lugar para disimular. Las apilo contra un rincón y las dejo estar. Lo único ordenado, minucioso y detallista son los discos en el portacidi. Pero si yo los quiero, él los quiere rayados. Trata de robar la euforia de mi mente con una moladora como la que usaron los pibes que le dan vida al estadio, sus amigos de la avenida, que laburan la calle como él nuestro río a dos cuadras de la promesa de siempre:

¡TE JURO QUE ES LA ÚLTIMA VEZ!

Sus murmullos y mi dolor,

los pibes del barrio cuando rompieron las rejas para sacar las banderas porque en aquella casa vivía yo, pero era del Matador y justo no estaba para abrir la puerta, siempre con llave cuando se trata de él.

¿Y la cabaña?

Mi sueño Ingalls también le pertenece, como mi pasado.

Enojo.

Marcas en el tiempo.

El silencio, uno de sus mandamientos.

Y el respeto a los de su hinchada.

Por nuestro propio bien. Así me fue convirtiendo en alguien natural a la que le repiten palabras.

PUTA!

Porque la mala soy yo.

Antes iba a la cancha a ver recitales, bajo sus luces, a ver al equipo de sus amores:

barrio,

fútbol

y sufrimiento.

Después a ver.

A ver si vivo en el después.

Me detengo igual que mi corazón, de golpe y perdida en mis bríos. Miro todo y la nada del horizonte como si no supiera lo que hago acá.

Cura de sueño.

Y a darle con todo.

Fanatizo como él.

¿O por él?

Quiero apasionarme por un sentimiento. Cualquiera. Aprendo fácil. Doy todo. Todo menos besos. Besos en la boca. Y a los que manda por celular no me dan los dedos para borrarlos.

También aprendo por repetición. Me repito hasta rayarme. Hasta dar vuelta por mi cabeza con esa idea BOBA de ser libre como cuando canto e imagino que no estoy.

¡Quiero ese tipo de sueños a los Californiqueishon!

¡Quiero resucitar mi humor!

Me pongo los auriculares. Me entrego. Des•armada. Del otro lado me desarmo, me desarmo por un momento, sólo un momento, como si me acordara de algo o dudara de...

JAU LONG, JAU LONG UILL AI SLAID
SEPAREIT MAI SAID, AI DONT,
AI DONT BILIV ITS BAD

Fuerzo sonrisa. Gozo por instinto y acusan a mi cuerpo por desear. Levanto los juguetes, zapatillas, a mis alpargatas sin suela las meto en la bolsanegra, papeles, papelitos y todo lo que está en el piso, siempre termina arriba de la mesa del comedor trinchera, como yo. Dos colapsadas en un mismo ambiente.

El desorden y yo, mi orden mental.

Media hora más de cielo. Me queda un rato y no me da el cuero para escapar. Mimetizada con esos animales que se esconden en otros colores y formas. Dejo mi carne, mi cuerpo, mi aliento y te aliento hasta la muerte por el otro.

Soy re desprendida.

KAPOW!

KAPOW!

KAPOW!

Mi superpoder es confundirme con su entorno. Toda una mujer maravilla de lazo sin verdad. Me bajo los auriculares, doblo la ropa de los chicos. Las arrugo, hago bollos y juego a encestarlos sobre la mesa del comedor trinchera desbordada de todos.

Estimo que es lo que hay que hacer.

¿Alguien sabe qué hay que hacer?

Cambiarles las letras a las canciones de misa y cancha.

¡Bah! A todas las canciones que tuve que aprender por tradición o por amor.

La tradición es una trampa.

¿Y el amor?

¡Ves que te gusta!

De misa o de cancha, el amor, digo canción, en fin, gestos fanáticos.

De cuidado.

De protección.

De esas cosas que dicen del querer.

¿Alguien sabe qué dicen?

Me quiere. Lo siento. Es el rito del amor, disciplinar en la prosperidad y en la adversidad, en la salud y en la enfermedad, y así amarte y ®espetarte todos los días de mi vida.

Grito al público su canto de misa, el más popular, ese que se lo saben todos, ese que dice "Vienen con alegría".

CANTÁ, **PUTA!**

♫ Viene con alegría el Señor,
cantando viene con alegría el Señor... ♫

Le digo a hijo del medio que aliente conmigo, pero no se acuerda la letra.

♫...cuando camina por mi vida, el Señor,
sembrando su paz y amor. ♫

¡HORROR!

grita la más chica.

Rápida de reflejos, le tapo los ojos con la bolsanegra.

¿Qué hacés despierta?

La madre, abuela de los chicos, cae con el rosario y caramelos. Los nietos, mis hijos, le festejan todo.

¿Alguien sabe si también los parió a ellos?

Fondo blanco.

Me tomo hasta la última gota de fe y dejo la botella con las otras, también vacías, para que me cuiden de todos los males y peligros.

Cristo no se pierde nunca.

Cristo está muy cerca.

Cristo es uno de nosotros.

La abuela está preocupada por lo que van a decir en la Iglesia. Destroza una hostia en miguitas y le da de comer a las moscas. A su hijo lo metieron en cana por fanático y sentimental.

Ella reza. Se mata a Rosarios mientran los chicos aprenden a pedir por papá. Los más grandes vomitan trocitos de pan. Son intolerantes a la harina de su padre. La más chica llora porque la hostia le pega a su paladar. Y yo, en su cárcel, sin derecho a visitas, cambio las letras de los cantitos sin darme cuenta, como el carnicero cambia los gramos de carne.

A veces no sé si las pienso o las canto. Las canciones se mimetizan. Se adaptan a mi forma para cantarme la verdad de mi entorno.

¿Alguien sabe cuál es la verdad?

Me tengo que hacer cargo de mí.

Y es ahí cuando se enoja y grita porque de la mujer maravilla sólo queda la mujer.

¿Alguien sabe qué es ser mujer?

Madre de Jesús.

Todo empezó a los nueve años cuando mamá me metió lo del rezo y a Dios como respuesta a todo.

¿La mamá viva o la mamá muerta?

Demasiado sol es peligroso cuando pasan tantas cosas afuera. Lejos de la vida, hoy solo creo en la familia Ingalls, por eso esta cabañita de troncos, mi hogar, un infierno salado de un Cristo de carne y hueso.

Agarro una de las botellas vacías y la beso, huele a cerveza.

¡Ay! Mi dios es su empleado.

Intento ordenar mis bombachas desparramadas por la mesa del comedor trinchera, son sobras de comida. Agarro una, cortada. Busca otra, lo mismo. Otra más, destrozada. Todas están tajeadas. Siempre me quiso sin protección. Las vuelo al piso y me dejo caer sobre ellas. Tiradas a la par, guardo algunas de recuerdo en la bolsanegra.

Y busco.

Busco algo de verdad y nunca termino de entender qué es lo que está pasando.

¿Alguien sabe qué está pasando?

Estar en esta familia es engañarse unos a otros.

En la escuela empecé a contar algunas cosas.

KAPOW!

KAPOW!

KAPOW!

¿Qué escuela?

De cocina, amor.

Pasa que a muchas de mis compañeras también les da vergüenza eso de estar vivas.

Nos acostumbramos a cantar la misma canción.

Nos acostumbramos a alentar hasta la muerte.

♫ Mamatadooor, Mamatadooor
Mamatadooor Mamatadooor. ♫

Nos acostumbramos a ser un cuerpo sin recuerdos.

Nos acostumbramos a ser un cuerpo.

Nos acostumbramor a ser.

A ser.

MIERDA!

Tengo que llevar el papel al baño de atrás.

Vuelve la música ambiental para tapar todos los sentidos,
sonidos,
su voz.

Drim of Californiqueishon
Drim of Californiqueishon
Drim of Californiqueishon

La melodía es pegadiza. Bailo como me sale y parezco feliz aunque no me anime a serlo. Al toque me piso un pie con el otro. Dos pies izquierdos que vuelven a detenerme y a barrer la destrucción. Mi cuerpo es un escenario sucio después de la función de todos los días.

Espeis mey bi de fainal fronchier
Bat its meid in a Jollygud beisment
Cobain ¿can iu jer de espiers
Singin songs of estieshon tu esteishon?
And Olderans not faraguey
Its Californiqueishon

Fuerzo sonrisa, lo miro mirarme. Salto. Muevo los brazos igual a él cuando alienta hasta su vida. Fanatizada. Hago gestos como si tocara la guitarra al aire y me acuerdo de que en la cancha sólo hay bombos.

KAPOW!
KAPOW!
KAPOW!

Siempre me engancho con la que más suena. Esa que todos se saben de memoria. También me sigue a todas partes a donde voy. Es mi mejor vigilante.

Soy así y así me quiere. Cuando alguien me gusta, me cabe el *ripit,* constante, lo mismo me pasa con la música, me cuesta escuchar otro disco. Y ahí me quedo, rayada en mi musiquita.

"Si te agarrás de una canción, nadie te va a tirar", me dijo mamá una vez cuando me preguntó porqué tenía la boca rota.

¡Perdí el destapador!

No me quedó otra que usar los dientes.

Miro enamorada a ese alguien que no está. Me abrazo a la bolsanegra. La lengua quieta sólo quiere cantar. Me subo los auriculares. Me entrego. Del otro lado me desarmo, me desarmo por un momento, sólo un momento, como si me acordara de algo o dudara de...

JAU LONG, JAU LONG UILL AI SLAID
SEPAREIT MAI SAID, AI DONT,
AI DONT BILIV ITS BAD

Levanto fuego. De sangre caliente. Bien cerda. Me toco con la bolsanegra para que no vea que todavía siento. Descubro las tetas, la panza, el cuello, meto los dedos en la boca, los chupo, me gozo con la mano en la concha y la cabeza en vos, ANTHONY!

Vos de silbido.

Veo mi cuerpo mirándome.

¿Alguien ve lo mismo que yo?

De lo único que estoy segura es de que Anthony me ve y algún día va a venir a buscarme.

Voz de silbido

¡ANTHONYYY!

Me doy duro. Golpeo mis venas para mostrarles que llevo el Drim of Californiqueishon acá en la sangre y en el clítoris.

¡Aghhh!

Llamame.

¡Aghhh!

Llevame.

¡Aghhh!

ACABAME!

¿Me habré olvidado de darle el código de área?

Lo doméstico asfixia.

La cabaña sangra.

Empiezo a correr.

Los teros cuidan la frontera.

¿Alguien se atreve a cruzarla?

El camino es áspero y el cielo pesa.

Soy mi propia constelación.

Formo una figura.

¿Alguien sabe jugar a dígalo con mímica?

KAPOW!

KAPOW!

KAPOW!

Sobresalto y los auriculares caen por su propio peso. Los gemidos se convierten en pequeñas quejas. Me deja incómoda frente a frente y a mis hijos de frente.

¿Con quién estás?

Se me para el útero y el corazón acaba.

Lo espanto como a las moscas

Salí, dale, salí.

No quiero.

¡No! ¡No! ¡No!

Me hunde los dedos en el cuerpo.

Giro sobre mí misma; él aprovecha para rodearme.

Me falta el guante de goma para aplastarlo y sólo me queda el espanto.

¡Cantá **PUTA!** ¡Dale! ¡Cantá, puta de mierda!

Me pone nerviosa y río.

¿A alguien acá le pasa lo mismo?

Me cubro con la bolsanegra para que no me siga hundiendo. Me río más fuerte, casi histérica, convertida en remolino. Pasa por detrás, de mí, me toca el culo, se esconde y vuelve a tocarme, hundirse en mi panza, tetas, cuello, boca, otra vez el culo y el puño directo a mi concha.

Me llororío encima como mis hijos.

Hasta mis lágrimas se esconden en el entorno.

No me hagas reír.

Empiezo buscando una salida que no sea la puerta de entrada a medio pintar, menos el agujero en la campana del timbre. Están todas las ventanas y puertas cerradas con llave. Corro y reboto contra sus paredes llena de KAPOW!

Intento cantar pero me silencian sus tres golpes.

KAPOW!

Andá, dale andá, hablamos en otro momento.

KAPOW!

Sigue de atrás hundiéndome su furia de dedos por la cara y el cuerpo.

KAPOW!

¡Ay! ¡Pará! Me dolió

Llororío más fuerte.

¡MIERDA!

Duele, duele, duele...

¡MIERDA!

El papel, el papel, el papel en el baño del fondo.

Dale, déjame ir.

Agarra algunas de las bombachas enterradas por el piso y me las mete en la boca.

¡Cantá **PUTA!**

Canto con la amargura del sentimiento de su hincha.

Las bombachas me cortan la garganta y mi voz sale rota.

Nadie escucha mi cantinela.

No, no son las bombachas, son ustedes que nunca entienden lo que quiero decir.

♫ Me dicen el matador nací en Victoria
Nosotros tenemos el vino y también la droga
Los sábados a la tarde, voy a ver al matador
Porque Tigre desde Victoria sale campeón
Mamatador Mamatador
Mamatador Mamatador ♫

Escupo mi interior y las bombachas.

¡Devocionario!

A veces es tanta la pasión Ingalls que me dan ganas de irme a la mierda.

¡Uh, el papel!

¡Devocionario!

Todo un sustantivo masculino. Su libro funebrero con oraciones simples, invocaciones para el uso de las fieles sin importar la religión y las plegarias para la familia.

Su creencia

PUTA!

Por los siglos de los siglos

Amen.

Y acabo con un Gloria al Matador.

¿Alguien sabe qué forma tiene su dios?

GUIRONCHAP!

Llegar al tope. Apurada. Subir la cima a las corridas con la bolsa de mandados colgada del brazo y la bolsanegra siempre en la otra mano. Me enfrento a la cabaña, quiero cerrar el sueño Ingalls y apenas me sale una patada que cierra la puerta. La llave la tiene hija mayor colgada del cuello.

Por si vuelven y no estoy.
Por si vuelven y me fui.
Por si vuelven y me fueron.

El timbre suena después de varios años.

Casi nadie se acordaba de que existía...

¿A quién les hace acordar?

Casi que me haría luchadora y pelearía al lado suyo. Casi que ese ruido agónico, que repiquetea cuando se acuerdan de tocarlo, podría ser nuestra canción de entrada al ring de troncos.

Lucha libre.

El Santo y la Cavernaria.

Me quito el candado y le pico los ojos.

Todas mis tomas.

BANG!

BANG!

BANG!

El sonido del timbre es igual a la tos de un fumador.

Escupe balas.

Ji! Ji! Ji!

Mi vida es un cago de risa.

Busco el agujero de la campana del timbre. Sigue ahí, ulcerado y sin salida. Dejo caer la bolsa de mandados menos la negra. Beso los dedos de mi mano, lanzo al aire el gesto santo en dirección al timbre. Sigo la marcha, camino como militar con el paso mecanizado, igual a su amor. Me despliego por la cabaña, avanzo en puntas de pie como primera bailarina de ballet. Hago un alto frente a la banda antidisturbios, esquivo la ropa, juguetes, ollas y los restos de siempre desparramados y cotidianos.

El desorden y yo, mi orden mental.

Desde que lo conocí soy una danza clásica, mímica y teatro, bailarina sin equilibrio de su orquesta barrabrava. Siempre en guerra con mis pies y mi sueño Ingalls. Sobre mis dedos mato el dolor y hago las paces. Me pongo en puntitas para ser más alta, una gigante que da pena, alzada al aire con mis zapatillas sin raso para minimizar el impacto. Vivir en puntas de pie me ayuda a esquivarlo todo, los golpes también.

Prueben, van a ver.

¿Alguien ya vio?

En su código de Justicia protejo mi piel, la quiere convertir en cuero. Transpiro, me salo, poco me baño, no me quiero echar a perder. Le meto al ungüento mientras aguanto. La luz mala quema. Los vasos sanguíneos cerca de la superficie del pellejo se rompen. El morado verdoso no queda bien con la otra piel, la curtida por la luz buena, bronceada por horas de empujar rocas, trasladar ladrillos, petrificada, en esa carga manual que es mi carretilla, regalo de algún día de la madre, ¡peor será la tuya!, que se rompió el culo cuando te parió.

¡Santo varón de su mamá!

La abuela, una obra de bien que adopta cadáveres. Hizo todos los trámites, los papeles por segunda, porque era la hija que nunca tuvo, el requisito de caridad para sus evangelios. Se ofendió cuando no me animé a firmarlos.

Chantaje emocional.

Nunca se enteró de que tenía mamá,

¡era una **PUTA!**

Y, ¿papá?

Un fantasma.

Los dos muertos, pero mamá y papá al fin de cuentas.

Voy a darle agua a este cuerpo.

Caigo sobre la mesa del comedor trinchera. Me completo con las cosas de todos y mi ausencia. El desorden y yo, mi orden mental. Me paso de muerta y me doy un descanso, siempre con la mirada atenta. Atenta a todas las miradas. Las ampollas explotan antes que yo. Fuerzo sonrisa. Soy un callo de mujer callada a compresas de hielo.

¡MIERDA!

¿En qué momento se desordena todo en esta casa?

A las escondidas. Juego, hago trampa. Espío opciones para ocultarme: bosque, jardín, cabañas a medio vivir, hotel vecino, río, zanjas, la bolsanegra es muy obvia, mejor un pozo de agua.

En el agujero de la campana de timbre todavía no entro.

El sol talla mis grietas. Las manos como visera para no perderme de vista y ver. Veo la nada. Un rato y más nada, la nadie de siempre metida en la bolsanegra hasta la cintura, agarrada de los bordes para no caerme, y correr. Correr de mis propios juegos. Soy un marinero que ve tierra, isla de mis náufragos y a la vista otra vez la nada y yo, una corrida de embolsados. Salto por todo el espacio como si fuera un abismo. Reboto en sus paredes de golpes y troncos. Me gusta saltar sin soga. Gustito a libertad en este terreno minado con lo peor que tiene: mi cuerpo, una carrera de sus autos locos.

¡Otra vez les ganamos!

Los chicos siempre pierden con los adultos.

¿Alguien vio a los adultos?

Alcanza con parecer y parir hijos como los míos, nacidos y criados de un choque frontal entre Carolina Ingalls y este secreto pueblerino que nadie quiere contar.

CERDA!

Piso un lugar que no debo.

PUTA!

Explota.

Caigo

y

Pierdo.

Miro enamorada a ese alguien que no está. Me abrazo a la bolsanegra. La lengua quieta sólo quiere cantar. Me subo los auriculares. Me entrego. Del otro lado me desarmo, me desarmo por un momento, sólo un momento, como si me acordara de algo o dudara de...

JAU LONG, JAU LONG UILL AI SLAID
SEPAREIT MAI SAID, AI DONT,
AI DONT BILIV ITS BAD

¿Estás?

Sus ruidos de herramientas son mis suspiros. Complicaciones en mi mente de maestra mientras él construye cabañas y espanta. Con la escoba ahuyento todo. También meto miedo, pregúntenles a las moscas.

Ji! Ji! Ji!

Y sí, adquirí los vicios del hombre que amo.

¿Alguien sabe si es amor o costumbre?

MIERDA!

Tengo que acordarme de llevar papel al baño de atrás

Barro. Intento bailar de forma arrítmica. ¡Muerta! Me cacheteo las piernas para ver si reaccionan. Está bien, me entrego una vez más pero no sé si puedo seguir esperándote.

JAU LONG, JAU LONG UILL AI SLAID
SEPAREIT MAI SAID, AI DONT,
AI DONT BILIV ITS BAD

Y DALE CON LA MUSIQUITA, **PUTA!**
YA SÉ QUE ANDÁS EN ALGO.
MIRATE NOMÁS. MIRATE LO QUE SOS DISFRAZADA CON ESE DELANTAL, PAYASO.
LA VERGA VAS A ESTUDIAR, SEÑORITA MAESTRA.

Se me arrancan los auriculares.
¿Qué estudiar? ¿Qué maestra? ¿Recibirme? Ya te dije que es el delantal de cocina que me regalaron los chicos con tu mamá.
¿No ves las manchas de comida?
¿No me ves?
¿No?

BANG!
BANG!
BANG!

El timbre habla, intenta decirme algo parecido a su disparo. No se le entiende, se parece a mis hijos cuando dicen horror y a mí cuando pido perdón.

¿Alguien sabe si es por la bala que le quedó adentro?

Reacciono rápido. Le desarranco los auriculares y me los pongo. Otra vez en mí, agarro el banquito con mi diseño découpage a medio terminar y sus partes tajeadas. Miro el pedazo abandonado de banco y a la puerta.

¡Nunca sé cómo terminar!

A veces me cuesta reconocer la cabaña, EL sueño. Simulo. A él también le gusta ver Los Simuladores.

¡Eso!

¡Ven que algo saben!

Una de las diez cosas en común que tienen las parejas añosas, la televisión, las series y las revistas en sala de espera. Qué gran consuelo para almas como las mías que se desangran del otro lado en busca de la respuesta correcta.

Acaricio los cortes del banquito. Apoyo mi cara en su respaldo, busco cariño como la perra cuando apoya su hocico en mis piernas. Siempre tuve predisposición a la ternura. Anthony me lo dice cada vez que lo busco desesperada. En mi mente sus canciones ayudan. Se enamora de mí.

¡Al final no saben nada!

¿Quién va a ser?

¡Anthony!

Es que él conoce la vida, conoce cómo tratarla con suavidad.

Sabe cantar.

Sabe escuchar.

Sabe de mí.

Y no finjo. Subo a su ritmo y acabamos juntos. Un río de placer alegre que nunca se interrumpe y me hace morir a carcajadas. No hay nada como sus mimos para sentirme.

¿Alguien sabe si sigo siendo una **PUTA!**?

¡PUTA FRÍGIDA!

Con él soy una aprendiz mentirosa; con vos, Anthony, soy.

¿Por qué todavía no me llamaste?

¿Miedo?

¿Duda?

¿Ansiedad?

Ya no sé cómo sentirte. Ya no sé qué excusa ponerme.

De zombie emocional, me orgasmeo de esperarte con las garras pintadas.

Mis decisiones son un agujero negro como el de la campana del timbre, separadas del resto de su universo.

Al final el único que entiende mis necesidades, a las que ustedes llaman sentimientos, es este banco a medio terminar como lo que queda de mí.

¡Ah, re!, me dice hija mayor cuando me encuentra cantándote como esa adolescente que nunca fui.

¿O soy?

No sé, perdí la edad cuando la tuve.

¿Alguien sabe si fue cuando lo conocí?

KAPOW!

KAPOW!

KAPOW!

Bajo los auriculares al cuello.

Esta vez te escuché bastante, ¡eh!

Envuelvo al banquito con la bolsanegra. Me abrazo a él y camino hasta la puerta de entrada. Lo apoyo al lado de la bolsa de mandados, me siento, la abro. Tanteo las verduras. Cazo los pepinos. La lámpara sobre la cabeza que impacta en los ojos de todos, también le da de lleno a los pepinos. Los reviso como si fueran una joya que se quiere empeñar. Me quedo con el mejor, aunque mis elecciones son dudosas. Lo preservo en el guardapolvo de maestra. Los otros los tiro al piso con las cosas que nos van quedando de a poco.

GUAU!

GUAU!

GUAU!

Ladro sin ánimo.

Soy una **PERRA!**

Me pasa, digo esto de ladrar para avisar un peligro, cada vez que viene el cartero o cualquier humano que asome la cabeza por acá. Los cuido. Hay que saber muy bien a quién ladrar, a quién cuidar.

¡A mí no me va a matar!

¡¿Alguien sabe qué es el miedo?!

Me dejo caer contra el piso, hago Angelitos para espantar los pepinos y las moscas me vienen de a una. Pego la cara al banquito y vuelvo a abrazarlo.

¡AUUuuu!

¡AUUuuu!

¡AUUuuu!

¿Alguien sabe por qué ladran los perros?

Saco el pepino que elegí hace un rato, lo comparo con uno del piso. Sabía que la estaba pifiando. Lo cambio por el más grande, el más sucio.

¿Alguien sabe en qué pensaba antes de elegirlo?

La pandilla perruna no me entiende. Las otras perras ladran diferente, aúllan para organizar sus manadas mientras yo ladro sentimientos.

¡CUIDADO!, ladro

Ladro peligro

Ladro sin ninguna razón aparente.

Vivo en una cabaña de troncos, cerca del río, mis hijos descalzos, libres por los pastizales, naturales en esta ciudad jardín y yo, dinamitada, con mi cuerpo desmembrado, pero con la familia Ingalls de pie.

KAPOW!

KAPOW!

KAPOW!

Estrujo la bolsanegra.

Dolores y sangrado.

Así me quiere, con cara de fisura y culo fisurado.

Me pongo folclórica.

Revoleo el pepino; se hace mierda contra el piso.

¿A quién les hace acordar?

Nadie se acerca cuando ladro. Nadie viene a la casa. No hay nadie que me aguante si él tiene todo el aguante, el de verdad, y los caseros del hotel de al lado aplauden tres veces porque el timbre no funciona. Apenas si carraspea un **BANG! BANG!** de vez en cuando para despabilarme, para darme cuenta de que no desaparecí y me pueden agujerear.

Los pasajeros se quejan. Parece que mis ladridos son molestos, duelen. Les muerde la culpa de verme y escucharme toda.

CLAP! CLAP! CLAP! **CLAP! CLAP! CLAP!**

CLAP!
CLAP!
CLAP!

CLAP! CLAP! CLAP! **CLAP! CLAP! CLAP!**

Más aplausos y abro la puerta.

La vecina con un vaso de agua para mí, el vecino para llevarse al Matador hasta que se tranquilice y vuelva después de unas horas, como siempre, con el uniforme de guardiacárcel.

Me alejo del banquito y de todo lo que me canta mi cabeza. Miro nerviosa para todos lados, vuelvo a cantar.

Si tengo que morir

que sea con los auriculares puestos.

Aferrada a la escoba y a la bolsanegra, levanto el polvo y vuelan pepinos. Escondo la mugre debajo de la mesa comedor trinchera.

¡Dejá de cantarte siempre la misma canción!

¡Salí de esa película que te hacés!

¡Viví la vida, boba!

¡Es locaaa!, y no me gusta Ricky Martin.

Levanto los pepinos del piso, se los muestro. Salivo uno mientras lo acaricio contra el guardapolvo para limpiarlo.

Ya entendió.

Ordena la mesa del comedor trinchera, conmigo de trapo. Somos a la par. Me hace el espacio para apoyar las verduras y apoyarme. Me dice algo al oído que suena a entonación de cancha.

Galán y Matador.

¿Alguien sabe por qué la madre le mintió tanto?

Sin querer desordeno el desórden.

Y yo, mi orden mental.

Apoyo los dos pepinos que tenía en el delantal, vuelvo a medirlos. Obsesinonada en mi obsesión, abro la boca y los pruebo de a uno.

¡A mí estos no me van a ganar!

Del bolsillo saco un forro, se lo pongo con los dientes. Los pepinos están más curtidos que yo. Lo masturbo con la bolsanegra y nunca acaba en la boca.

El pepino me da arcadas, sabor amargo como su hinchada, tengo que bancarme el gusto y el vómito, no puedo aceptar los caramelos como centavos que me da el chino porque la cuenta no cierra. Ya saben, acá todo tiene que cerrar o la cabaña cruje. Le gusta manifestarse. Lucha por sus ideales con el brazo en alto y el puño cerrado.

Marcas por toda la casa.

¡Pobres los chicos!

Tienen otra fisura que tapar mientras corren libres por el campo y esperan que sea mentira o ir a la escuela.

Me lleno de aire con un suspiro de alivio. El ruido de las herramientas es el himno de la libertad. Me gusta cuando está entretenido, cuando construye para la familia y no quiere agrandarla.

Aprovecho y vuelvo a subirme los auriculares. Me entrego. Del otro lado me desarmo, me desarmo por un momento, sólo un momento, como si me acordara de algo o dudara de...

JAU LONG, JAU LONG UILL AI SLAID
SEPAREIT MAI SAID, AI DONT,
AI DONT BILIV ITS BAD

Le meto una mordida al pepino como si fuera un turrón. Turra con violencia. Saco el preservativo y lo tiro al piso. Agarro la escoba, lo barro hasta morir oculto debajo de la mesa del comedor trinchera entre mis botellas de virgen.

Lo único que me dice, que salga de mi musiquita, que viva la vida, ¡boba!; que salga de ahí, que salga de ese lugar a dónde él no puede entrar y yo, ¿a dónde voy a salir?

Me llegan mensajes de su texto cuando estoy por las calles del centro.

"ESTOY ATRÁS TUYO".

Mala señal.

Si salgo a atender me pueden pegar un balazo. La conexión es débil y hay mucha bala perdida en el campo. Ustedes no saben nada. El tipo tiene buen cobrazón, me esconde, me cuida de la canción y de esa película que dice que me hago.

¡Ves que te gusta!

Bajo los auriculares, vuelvo a este acá.

Me despierta sin beso.

¡Por fin entendió!

Me levanta del más allá como siempre en el más acá, con sus canciones, barrabravas.

¡Puta!

¡Putafrígida!

¡Putaperra!

PUTA!

Soy su putanieve. Su fuente de seguridad. Su máscara para nuestros perros, amigos y familia.

Ser puta me golpea fuerte, me vuelve torpe. Tiro la única lámpara de pie que tenemos por nuestra convivencia. Suerte la mía que la atajo antes de que se caiga y sonemos todos.

¡Perdón, lámpara!

PERDONAME!

No sé qué me pasó, no lo quise hacer.

Apenas tomo un poco de agua mientras la vecina deja el vaso y el número de su celular. Soy testigo, me dice al oído cuando me saluda y se va.

Tengo la sensación de que no me queda otra.

GUAU!

GUAU!

GUAU!

Hacer lo que tengo que hacer.

GUAU!

GUAU!

Lo que él cree que tengo que hacer.

GUAU!

MIERDA!

Tengo que acordarme de llevar papel al baño de atrás.

El timbre carraspea un **BANG! BANG!** entrecortado.

No entienden que van a despertar a la nena, a la más chica, a la única que duerme la siesta. Queda agotada después de vernos jugar al juego de la silla con papá campeón. Es nuestro pasatiempo tradicional, el que van a heredar, sin música, porque rayó todos mis *cidis* con la excusa esa de que hay que escuchar los sonidos de la naturaleza, que relajan, que respirá hondo, que yo hiperventilo, mientras damos vueltas al banquito, me persigue y me río encima de nervios.

VOS TENÉS UN TIPO.

¿CON QUIÉN ESTÁS?

¡PUTA DE MIERDA!

Llororío.

No me dan las patas y el mareo. Doy vueltas en línea recta; si me siento primera pierdo. Río más fuerte, casi histérica. No para de correr alrededor del banco porque sino lloro.

Me corre en círculos; me quiere disciplinar.

MIERDA!

¡Otra vez el papel! ¡El papel!

Me calla.

El paisaje sonoro es resultado del comportamiento animal.

Hunde sus dedos en mi cuerpo. Me doy risa y a él rabia.

Llororío más fuerte.

Digo un ***GUAU!*** y me siento en el banquito. Es mío. Soy territorial. Nadie me saca lo único que tengo y la más chica nos mira con ojos de búho. Está acostumbrada a la noche que somos, escucha todo, tiene memoria auditiva.

¿Alguien sabe a dónde guarda todas las heridas que caza?

En su silencio, casi sin pasos, mi escudo, la niña nocturna que para mi tranquilidad me convenzo de que siempre esté durmiendo.

Duerme, pero recuerda.

¿Alguien sabe cómo se recuerda?

La música del bosque se apaga y el lobo siempre está con su canto de cancha. Persuasivo. Apura. Marea más que el juego de la silla.

Me dan ganas de hacer un picnic, en la playa, con el fogón y las canciones de la película esa de los *serferos* chorros esperando la gran ola...

¡Y mirá cómo te canto!
Si lo sabe cante,
si lo sabe cante,
Cante con el galán,
Matador.

Es tiempo de dejar esta ciudad.
Es tiempo de perderse,
¡PERDÁMONOS!

BANG!
BANG!
BANG!

Reacciono de la canción. Me voy al timbre con el banquito, lo apoyo contra la puerta de entrada sin llave.

Hablame de sentimiento.

Todos creen el verso de mi familia, yo también. Soy la mejor cuentacuentos del pueblo. Me enseñó el oficio la abuela de los chicos, la madre, la que sabe cómo parir sin empatía, criar y creer en su hijo y en los míos que corren libres entre las cabañas de troncos en alquiler, cómodas, cálidas y el jardín, esplendor verde, paradisíaco, el hogar, el territorio más peligroso. Ella me obligó a creer, a ser creyente, a mirar al cielo para que respire sus santos y su santo varón me mea en la boca, gusto metálico más dulce que el olor a pólvora.

Escupo su cielo.
Los santos me dejan sin aire,
los chicos me ponen la música

Guironchap, Guironchap
Jit mi, com get mi,
Ai bait bat shi bait mi

Los miro fijo y balbuceo. Toco la guitarra invisible e intento bailar, pero me caigo de muecas y jeta. Subo al banquito, inestable en mi cabeza, tengo que aprender a hacer equilibrio o no me va a llevar a *serfear.*

Vuelvo a mirar y a señalarlos. Del guardapolvo saco una estampita y la pego en la campana del timbre. Me beso los dedos, los pongo sobre ella para que me cuide.

¡Soy la Reina de California!

Me la creo.

Cuando se trata de creer me paro sobre el banquito découpage y los observo desde arriba como la justicia. Después, hago una reverencia y todos bajan la cabeza.

Yo también tengo mis supersticiones, y a esta campana de custodia bendecida por mi fe con la estampita de Santa Gilda. La volví a escuchar cuando se murió. Se murió la piba nomás. Antes no la escuchaba. Antes era toda de él y de su barra de amigos, a todo volumen, en los parlantes del Fiat Uno bordó, de los guachos que se están iniciando en esto de laburar el tablón y camioneta de reventa de entradas, los porongas a los que siempre admiró.

Allá en el barrio sonaba el timbre a cada hora.

BANG!

Igual a este, ya afónico, cansado de avisar y de las amenazas.

Andá tranquila, salí, pero a mi hija la dejás acá o te la saco de la panza a patadas.

¡MIERDA!

¿Me lo dijo o lo pensó?

Por suerte salió solita por naturaleza.

Por suerte ahora éramos dos para escuchar el timbre.

Por suerte no fue una bala en la campana del timbre.

Por suerte lo que apagó al timbre fue toda la cumbia de Gilda.

Por suerte, también, la casa del Talar se quedo sin timbre y sin nosotros.

Me escapé y lo hice escapar.

Sola no voy a ningún lado. Él escapó conmigo para cumplir mi sueño Ingalls que hoy protejo como Difunta Correa, santa popular, todas mis botellas ahí abajo de la mesa comedor trinchera en la que me escondo para tomar en su honor y lo que queda del mío.

Me beso la mano con la bolsanegra, la apoyo sobre la campana.

¡MIERDA!

Se están borrando nuestros nombres. Encuentro un indeleble, nunca me falta un marcador, y los vuelvo a escribir sobre la campana.

FLOR Y ANTHONY!

Corazón.

Corazón

Corazón.

No escribo tu nombre en todas las paredes porque sólo te quiero en mí para que nadie te lea quién sos, ni te borre a golpes de mi casa, de las paredes, de mi cabeza, de mi pasión. Te aliento como cuando sale el Matador a la cabancancha con mi voz de silbido más fuerte.

¡ANTHONYYY!

No me importa lo que digan, lo que digan los demás...

¿Por qué no me llamás?

La señal es mala acá adentro y afuera hay mucha bala perdida.

¿ME ESCUCHÁS?

Te di mal el código de área.

Es el de Entre Ríos:

MÁS-CINCUENTAYCUATRO-CERO-
TRES-CUATRO-CUATRO-DOS.

No apago el celular, vibra, como cada vez que te canto y vuelvo a sentirme, mojada, con tus labios en mi concha. Recién ahí dejan de importarme las estrías, la panza de tres pibes paridos y EL QUIÉN TE VA A GARCHAR CUANDO TE VEAN EN PELOTAS, SUCIA Y PELUDA. ANTES SE LA CORTA, FLOR DE **PUTA!**

Él sí manda mensajes.

Voz de silbido.

¡ANTHONYYY!

Acá te espero, subida en este banquito para que me veas en tierra firme, sólida, real, como faro, conectados a través de la luz, aunque no sepa iluminar ni sirva como guía.

KAPOW!

KAPOW!

KAPOW!

NO EXISTE.

SALÍ DE TU MUSIQUITA, BOBA.

JAU LONG, JAU LONG UILL AI SLAID
SEPAREIT MAI SAID, AI DONT,
AI DONT BILIV ITS BAD

Lo que no se nombra no existe.

¡ANTHONY!
¡ANTHONY!
¡ANTHONY!

Apaga mi fuego cuando te nombro. Pero vení igual, calentame, mirame, abrazame, llevame por el más allá.

Empiezo a dar indicaciones con la bolsanegra. Sobre el banquito quizá me vea mejor. Puente Zárate Brazo Largo, por Ruta Nacional 14, la ruta de la muerte, sí, ya te vas a acostumbrar, seguís todo derecho, derecho, derecho, pasás el santuario de Gilda, le tiro un beso, dale seguí, le das, empalás con la 142 y te vas para arriba, ya te imagino, arriba, con la pija dura, te metés, agarrás la principal y le das todo derecho, hay un cartel escondido, es difícil llegar, llegarme, me ocultan en la familia y el cartel aparece de la nada, si te da el sol de frente te vas al otro pueblo, no hay nadie, sólo bicicletas oxidadas, así que atento a los rayos y al cartel. Cuando lo veas, doblás a la derecha y te aparezco:

ACCESO A LOS TRONCOS PETRIFICADOS!

Camino de tierra, calle sin número, cabañas de troncos y yo petrificada, me limpio la boca con la bolsanegra porque ya te imagino chupándotela toda la vida.

¡Llegaste!

Tocá timbre, no aplaudas.

BANG!

BANG!

BANG!

Vuelvo en sí.

¿Sos vos?

Vos, mi bandera.

Sólo me falta la vincha con tu inscripción

ANTHONY TE AMO!

KAPOW!

KAPOW!

KAPOW!

Casi me tira a mi mundo, pero sigo equilibrada, con la concha mojada pensándote mientras él me quiere ver podrida. La campana no lo deja. Suena en su memoria como un disparo. Nunca se aturde. Está acostumbrado. Es un canchero con la escopeta de caza, la agarra mejor que a su pija y me la muestra. La mueve para todos lados como cuando riega el jardín con la manguera y siembra balas perdidas.

Cancherea.

La tiene re clara con todo, con mi vida también, con eso que soy, sucia y peluda, DECILE QUE EL CULO LO TENÉS ASÍ POR COMO LO USÁS.

¿Alguien sabe cómo lo uso?

Limpia la escopeta mientras me hace cosquillas con el caño.

LLORORÍO!
GUAU!
AUUU!

SIEMPRE TAN BOBA.

Pule el caño con fuerza. No te estoy apuntando, la sostengo contra mi hombro.

BANG!

Se le escapa un tiro.

SHHH! SHHH! SHHH! SHHH! SHHH! SHHH!
SHHH! SHHH! SHHH! SHHH! SHHH! SHHH!
SHHH! SHHH! SHHH! SHHH! SHHH! SHHH!

¡Ay!, me parece que me salvé.

Paso el dedo por la campana, ya soy una equilibrista. Le dio al timbre nomás. Acá está el agujero, al lado de la Difunta Correa, a mi lado. Ataque de histeria, TODAS IGUALES, empiezo a gritar, a llorar, que lo abrace, que él no sabe qué pasó y yo no me acuerdo, que perdón, que perdoname, el estribillo de siempre y yo su hit preferido.

Aparto la mirada, mi instinto de supervivencia. Esa ficción que hacemos por costumbre después de un episodio traumático. La relación es buena, es mi cielo seguro y yo su carne de caza, estoy acá, viva, soy la Reina de California, en este estado de no saber bien qué es el **BANG!** del timbre que suena todo el tiempo en mis oídos como el balazo en el cuerpo de Diva, la perra de mi sueño Ingalls, Rottweiler, guardiana, carnicera, más perra que yo y más sociable que toda la familia. Diva, la que entra a la cabaña sin aplausos, invade, corre por la casa, desorientada, me copia, cae en mi trinchera, entre mis botellas de Difunta escupe sangre y chorrea vómito.

¿Alguien sabe cómo se cubren las heridas de la otra?

Salto del banquito y me tiro a la trinchera con ella. Tomo un rollo de papel higiénico y hago una pelota como compresa.

Desespero.

Pongo el papel en la herida.

La sangre asusta. Está hambrienta. Tiene que perdonarse por estar viva.

¡Más papel!

¡Más papel!

¡Más papel!

MIERDA!

Quiero cortar la hemorragia y cortarlo, a él, lento, en pedacitos, enterrarlo en el jardín junto a las balas.

GUAU! GUAU! GUAU!

Voy a ladrar hasta hacerme visible.

La perra llora.

GUAU! GUAU! GUAU!

Se muere.

MIERDA!

Me quedé sin papel para el baño de atrás.

ESCAR TCHISIU!

Desganada sobre mis rodillas limpio la sangre de Diva. Son idénticas a las gotas de pintura roja de la puerta de entrada, orificio sin salida, y yo siempre oculta como el agujero del timbre.

Vivo sin que me noten mientras los animales mueren por desesperación.

Sin perras, no tiene sueños.

Sin perras, no tiene excusas.

Sin perras, no tiene vida.

La mente se toma el palo, se ausenta de sus momentos. Después de unos segundos vuelve a su lugar, es una mascota entrenada en busca de su premio.

Me hunde.

Hunde los dedos en mi panza y me regala los caramelos pegoteados del vuelto que me dan en el Argenchino. Me sacrifico para no quedarme sola y los como con papel.

¡Ves que te gusta!

Me desparramo por el suelo de la trinchera. Intento proteger los desechos de Diva arrojados entre los tablones de madera crujientes, el terreno baldío en el que nunca me encuentro, un canal de agua negra, la corriente de mis ganas

me atraviesa débil, cepillo las manchas de vida que quedan de la perra, pintura fresca que nadie se anima a tocar.

Juega con nuestra muerte.

La soberanía de su amor diseminado por la trinchera mesa del comedor, mi lugar en su mundo protegido por mis botellas guardianas.

¡Y los baños!

Me obligan a confesar, los baños no son refugio, son descarga. Me gusta más limpiar la mierda de los inodoros que esta sangre de perra, seca, manchas viejas difíciles de sacar y las que todavía laten, se proyectan en forma de estrellas, tapizan la superficie, se mezclan con otras figuras. Vidrios astillados como Diva, en el piso y en los rincones, huellas que gotean, marcas circulares varían en tamaño según el golpe.

A martillazos levanta otras cabañas que no serán hogares como el nuestro, ni las habitarán familias Ingalls como la nuestra.

Apariencias.

Eso que somos.

¿Alguien sabe qué somos?

La trampa del otro, un clásico de todos los tiempos. Marcamos la infancia de nuestras generaciones como cualquier familia, adentro o afuera de la televisión. Laura Ingalls tampoco fue lo que parecía. De eso me enamoré. Me quedé en la etapa llena de esperanza y su naturaleza albañil supo tirarme abajo, volverme a construir con forma de...

PUTA!

En mi sueño de hogar destruye nidos con sus puños por cualquier pared de la cabaña; de los agujeros, los chicos cuelgan los dibujos de la familia con esas curitas coloridas resistentes a las lágrimas, a nosotros.

MIERDA!

Tengo que acordarme de llevar papel al baño de atrás.

Cepillo con fuerza.

Salpicamos todas las superficies. No queda un rincón en esta caverna sin rastros de nuestros movimientos, artísticos, una especie de expresionismo abstracto pueblerino, como esta mancha de sangre que no deja de gotear.

¿Alguien sabe si seré yo?

¿No la ven?
¿No me ven la mancha?

Todavía sigue ahí, igualito al brutal sol entrerriano que no para de crecer. Ilumina la casa del campo, la convierte en un cártel luminoso que se ve desde todas las esquinas pero se confunde con algunos complejos vecinos.

Parpadea como los rumores, lentos, reptan igual al río, el calor encandila *¡al gran público!* y lo ayuda a mirar para otro lado.

Flora, el gato, se come el alimento de la perra. Vuelven las risas y los chistes que inventa hijo del medio, sin remate, como mi vida. Nos adaptamos fácil a los cambios y a las muertes.

¡Ni la plata sabés manejar!
Hunde sus dedos por mi cuerpo, su costumbre favorita.
¡No sé en qué forrada la gastás!
¿En qué va a ser?
¡En caramelos!

Miro enamorada a ese alguien que no está. Me abrazo a la bolsanegra. La lengua quieta sólo quiere cantar. Me subo los auriculares, me entrego. Del otro lado me desarmo, me desarmo por un momento, sólo un momento, como si me acordara de algo o dudara de...

JAU LONG, JAU LONG UILL AI SLAID
SEPAREIT MAI SAID, AI DONT,
AI DONT BILIV ITS BAD

Patrón y patrones. Las manchas y sus características dependen de la excusa, la dimensión y la profundidad del impacto. Imágenes. Veo figuras sin humanidad. Mensajes ocultos absorben mi silencio y el de ustedes. Señalo los espacios de la casa mientras desentono feliz.

♫ *Ah, ah, ah, ah, estein' alaiv, estein' alaiv* ♫

Me saco los auriculares y abro una botella de plástico de medio litro. El envoltorio dice ¡Menoyo!

VA BIEN CON TU CARA DE CULO. **JA!**

Me lo grita en la jeta con sus gestos de mimo barrabrava. Le pide a la tribuna que aliente su risa como si fuera un gol de esos que no ve porque está siempre de espaldas al partido. Un visionario para todo. Es así, creativo para el amor y las canciones de cancha.

Le meto un sorbo del pico, hago gárgaras y lo escupo sobre las manchas.

¡Puajjj!

¡Vinagre blanco!

El mismo gusto que tiene su pija.

Limpio con vehemencia.

El mismo gusto que tiene sus golpes.

Friego por los restos, brotan signos, vitales de su personalidad.

¿Alguien sabe de qué parte de su cuerpo es?

Las rodillas lastimadas de tanto fregar, la mueca de súplica sobre el piso hogareño, áspero, de madera astillada y **¡MIERDA!** no sé rezar. En la venia del camino, debajo de la mesa del comedor trinchera con el cepillo en una mano y la bolsanegra apoyada sobre el corazón, pienso una plegaria. Pienso en que tengo que volver a pensar. Pienso. No sé pensar. No sé pedir, menos protección. Mi testimonio de fe son la campana de timbre y las botellas vacías. Todas Ellas eligen a la difunta correcta.

¡A mí no me va a matar!

Vuelvo a cepillar su muerte.

Ahí se ve, se ve clarísimo.

La mancha es un murciélago.

¿Alguien lo ve?

No. Un murciélago, no.

Son dos mujeres.

¿Alguien las ve?

Dejo mi carne y el de la perra ya tiene sepultura. Hija más grande fue a buscar la pala. Es de armas tomar, como el papá. Hablan el mismo código y yo apenas soy su clave morsa repleta de estrías.

¡Es un murciélago!

Me convenzo fácil, mientras imagino la mierda de los pasajeros en el inodoro. Tengo ganas de salir a limpiarles el culo y la vida, que los inodoros del mundo asistan y orienten, resplandezcan lumínicos, sean la llama de luz de todas las noches sin luna que soy, luz roja, mi referencia y aviso litoral.

Me sacuden.

¿Alguien sabe si el piso se mueve?

Me vuelve a sacudir

¿Seré yo el terremoto?

Limpio perdida en sus bríos, desviada de mi ruta por sus corrientes, desierta en su escollera, impacto con su roca y espero.

¿Alguien vio a ANTHONY?

PUTA!

Si dios quiere vos también te vas a morir.

¡Pobre perra! Sí, yo también, yo también la quería, pero la tristeza es toda de él. Patea la puerta, llora con verdad, no puede manipularse.

¿Llorar? ¿Quién llora?

llorar es para los giles.

Acá la única maricona sos vos.

Llorás más que los chicos.

Se esconde en su dolor más barrabrava que él.

Llorar es para los que no tienen aguante

Le seca las lágrimas a hijo del medio. Adoctrina al varón de tono marchito, al que juega solo, corre, intenta pegarle a la pelota, pero no sabe cómo patearla. Defraudado por el fútbol, persigue víboras a piedrazos mientras papá campeón va y viene, nos deja con la muerte, también de la perra, y siempre es ausencia.

Causa daño y otras causas.

Nunca se fue de la ciudad, su otro hogar, paravalancha sin pasto, el que siente con sentimiento. Y entonces me doy cuenta del sol, en la trinchera la luz siempre es oscura y lo único que se ve es sangre.

¿Es mediodía o es una idea?

¿Alguien tiene noción del tiempo?

No me doy cuenta del hambre, no la puedo sentir. Los chicos se arreglan con caramelos o cazan sapos.

¿Alguien sabe qué comíamos en la etapa del enamoramiento?

Asado con puré, debajo del tablón, en el casamiento de su amigo, la última vez que bailamos ya estaba de vestidito oscuro.

Ya estaba de luto.

Dejo el cepillo y me abrazo a la bolsanegra. Bailo lento. Bailo a su alrededor. Me quedo sola, pero no. Los chicos ni preguntan, aprendieron que las emociones son negocios en la tribuna. Sabios, dejaron de llorar apenas nacieron. Ríen. Siempre se están riendo.

Acá todo es risa

Río a carcajadas

¿De qué me río?

Lloro a carcajadas.

¿De qué me lloro?

¡Llororío!

Gotas de sangre viajan por la suela de hija más chica. Sentada a la mesa del comedor trinchera, caen las huellas de lo que les enseñamos. Rápidas se presentan en forma de lágrimas. Se las seco antes de que se de cuenta. Las escondo como a la sangre de la perra en el guardapolvo. Ella no dice nada. Es previsora. Sólo mira con sus ojos de búho, videntes y guardianes, el túnel por el que me escapo durante el día para vivir, en otro sueño, húmedo, en tu primavera.

Voz de silbido.

¡ANTHONYYY!

Te invento en mi clítoris.

Cepillo mi cuerpo. Sus cerdas, más suaves que yo y vos, mi visita sanitaria, salida de emergencia.

JAU LONG, JAU LONG UILL AI SLAID
SEPAREIT MAI SAID, AI DONT,
AI DONT BILIV ITS BAD

¿Lo qué?

¿Cómo?

¿Cómo que ya lo sé?

¿Cómo que nunca vas a volver si todavía no llegaste?

No seas igual a ese que es conmigo.

Anotame.

¡Dale, agendame!

MÁS-CINCUENTAYCUATRO-CERO-
TRES-CUATRO-CUATRO-DOS!

El código, ya te lo dije, el código es importante.

Voz de silbido.

¡ANTHONYYY!

Hacé un recordatorio, poné una alarma que suene cada cinco minutos en tu celular, mandate un mail a vos mismo, una nota de voz, escribilo entre la lista de temas del próximo show y poneme de nombre de contacto: **ACCESO A LOS TRONCOS PETRIFICADOS!** Corazón negro. Corazón negro. Corazón negro.

Entrá sin jugueteo previo. Dale que estoy jugosa. Tengo los pezones duros, mis dedos saben a tu boca cuando me toco, me siento una concha igual a mi pueblo y a su río, una pronunciada bajante, territorio isleño, desolado, afluente del Uruguay prácticamente seco.

¡MIERDA!

¡Mi concha es una cicatriz!

¡MIERDA!

Quiero lamer tu corazón.

Yo también tengo sentimientos. De los vulgares, al otro, al incondicional, a ese que siente la hinchada, aprendí a mentirlo después de empalagarme con sus guatsaps líricos:

¡A VOS QUIÉN TE VA A COGER!
CUANDO TE VEAN EN PELOTAS,
SE LES CAE LA PIJA,
PUTA!

Vuelco lo que queda de vinagre sobre las botellas de cervezas vacías acumuladas en mi trinchera. Limpio cada una con devoción y les meto deseos en papelitos. Acá se acumula todo; algunas verdades también, y en esas verdades los motivos por los que dejar el hogar:

1. La mala señal.
2. La sequía.
3. Los aplausos.
4. La vuelta al perro.
5. Las balas perdidas.

6. Las siestas en la que no queda nadie.
7. Las siestas en la que nacen los monstruos que después crían.

Ya no alcanza con el viaje en mi cabeza. El pueblo tira para abajo, me ata al abandono de abandonarlo y tomarme el palo. Que los chicos me llevan en brazos y dejar de ser yo, pero ser yo, descubrir quién fui, aunque si lo pienso, nadie merece ser desechado.

¡Ves que te gusta!

Hija más grande me acompaña, cuerpo a tierra, a veces se cubre en mi escondite, de rodillas como la madre no distinguimos lo violento. Nos mantenemos. Mantenemos abierta la herida de la otra. Si la abrazo exploto toda. Mejor acumulo ruido.

Se apiada.

Me saca los auriculares y cepilla conmigo.

Al fin la siento mi cómplice; nada que ver con él.

Friega empecinada, sensitiva y fanática sin fútbol, aunque sea hincha de papá campeón. Es experta. Puede detectar sangre arrancada con agua o vinagre blanco. Pone su mano en la mía. Lo primero que me sale es cubrirla con la bolsanegra. Hunde el cepillo contra el suelo, la muerte sabe a puñaladas, pero siempre son tiros. No corre, ya está toda agujereada. Mi sueño de naturaleza Ingalls le costó su infancia. Se quiso ir con cada una de las pocas visitas que venían con facturas a comer de mi felicidad. Después se acostumbró. Dejó a un lado el realismo, se convirtió en la discípula más importante de su grupo organizado al que llama familia. Es la encargada de la desinfección y del amor al padre.

¿En serio siempre vas a quejarte porque papá sale a vender esas bolsitas para darnos de comer? ¡Si todo lo que hace, lo hace por nosotros!

La miro.

Me da ternura.

Es sano que lo quiera.

Vela por su amor y a mí me entierra.

KAPOW!

KAPOW!

KAPOW!

¡Volvió papá!

Estrujo la bolsanegra. Olor espeso, pasado de noches y festejos por un Matador que nunca gana. Hija más grande corre a sus brazos, es su muñeca ventrílocua. Veo la novela y me emociono. Me digo que el apego es un problema mental y ahí me tranquilizo. Ya en los abrazos de papá campeón, me deja de rodillas con la mancha y se lleva mi sombra.

¿Alguien sabe qué sombra?

Si ya dejé de ser mujer.

¿Alguien sabe si alguna vez dejaré de ser madre?

No son reproches, me convertí en actriz. Sin hada ni varita mágica. Simple aprendiz. Superviviente. Armo un plan para cada estado. Hay que saber cuándo guardarse, cuándo cepillar cada palabra, cuándo reprimirla. Por ejemplo, hoy tengo la careta del sí.

Se acerca. Olfatea como un gato. Me huele, sucia, peluda, crecida en su cautiverio. Me aspira. Soy su consumo personal.

¿Todavía seguís arrodillada?

¡Cómo te gusta chupar pija, cerda!

Mirá que no es tan difícil lavar, boba!

Me saca el cepillo y le da con fuerza.

Poner cera / Quitar cera.

Muy sarcástico el capito más capito. Quiere borrar lo que hizo. Cicatrices que sólo ve el espejo, cantidad de heridas que trepan por lo que escondo.

¿Alguien sabe cuál es la edad de la mancha?

Escupe.

La saliva disuelve la sangre. Cepilla. Cambia el color a un azul verdoso. Se dispersa por mi espacio hecho de todo: cuchillos afilados, repasadores nuevos, lesiones en la boca y en el culo,

el desorden y yo,

mi orden mental.

MIERDA!

Tengo que acordarme de llevar papel al baño de atrás.

¡Ahora me toca a mí!

Cepillo con furia.

Estoy confundida entre otros fluidos carnales. Brotan restos genéticos. Así no hay rejilla que aguante, agresiones, manchas que no paren de crecerme.

¿Seré su sangre?

¿Sangre humana o animal?

Salgo de la mesa del comedor trinchera arrodillada con la bolsanegra como sostén. No hay nadie o nadie me ve. Me levanto, estiro el guardapolvo y lo beso, aunque no haya nada para festejar.

En la escuela ya conté varias cosas. Me salió una suplencia. Mis compañeras me escuchan en sus historias. Ellas también se suenan los mocos en el delantal de maestracocinera.

KAPOW!

KAPOW!

KAPOW!

¿Qué andás contando, **PUTA!**?
Mejor volvé a cantar.
No te hagas la viva, ¡eh!

¿Alguien vio a la viva?

¿Otra vez escuela?
¿Otra vez trabajo?
La casa no se abandona, ¡EH!
La perra está muerta y nadie te dio vela en este entierro.

¿Alguien me escucha?

Cuando él llega yo siempre estoy. Nunca le saco tiempo a nuestra familia para hacer algo mío. Suena raro cuando lo digo en voz alta:

Nunca le saco tiempo a nuestra familia para hacer algo mío!

Digo en voz alta cuando suena raro.

Saco la familia de mi tiempo.

Es algo.

Para hacer

Los críos corren entre nosotros. Somos su jardín primitivo.

Hija más chica cierra los ojos, se manda a dormir.

Hijo del medio con tono marchito me regala una víbora decapitada como corona de flores.

Hija más grande limpia la tierra de la pala con el repasador nuevo y me la ofrenda.

Ya no sé quién nació de mí.

Wid de berds ail shar dis lonly viuwin
Wid de berds ail shar dis lonly viuwin
Wid de berds ail shar dis lonly viuwin

Quiero bailar y soy tropiezo a cada pasito. Me dejo. Desisto fácil, fácilmente, con la pala tipo espada corro por toda la cabaña al revoleo de la bolsanegra como poncho de Soledad. El público me mira, me detiene. Choco contra las paredes, busco una salida, empiezo a cavar.

¡Yo también construyo!

Túneles y una fosa común para los restos de mi familia, sueño Ingalls y la perra muerta...

¿A quién les hace acordar?

Corro desesperada hacia la puerta. Tiro un beso a la campana del timbre.

Nunca me faltes!

KAPOW!

KAPOW!

KAPOW!

Estrujo la bolsanegra.

Él en mi nuca.

Su mirada de frente.

¿A DÓNDE TE PENSÁS QUE VAS?

¡Al velorio de tu pija!

MIERDA!

¿Lo dije o lo pensé?

PERALAL IUNIVERS!

Lloro de emoción.

Esta vez se me dio.

Su cobrazón es un cadáver.

Enfría la temperatura de mi cuerpo.

Junto palabras, se las ofrendo en silencio. Entierro flores sin mirarlo a los ojos, mi segundo acto fúnebre.

Todos fingimos amor, dulce sentimiento. Un olor a vainilla y a muerte invaden la cabaña, quieren influir en mis emociones, trastornar mis recuerdos. Intentos desesperados por hacer las paces. Si me acaba, se queda sin preguntas.

¿Alguien sabe cuándo una persona se considera un cadáver?

La piel se pone rígida, pierdo las arrugas, la lengua se hincha, los ojos que alguna vez fueron verdes hoy son sólo tristes. Mi cuerpo gime, me come a mí misma. El día que me llegue a entender será un auténtico descanso.

Miro la televisión mientras me seco el río de mi boca con la bolsanegra. Pierdo la vista en ustedes, ese punto en el espacio que no deja de mirarme fijo.

¡Punto Límite!

KAPOW!

KAPOW!

KAPOW!

Los golpes sobre la pared le bajan el volumen al entretenimiento.

¿Qué decís? ¡Dejate de joder y subí!

Se hace el tierno y yo me quiero freír en mi guardapolvo blanco, que me inhale de una, correr por su sangre como ese miedo negro que vive en mi estómago.

¡Ahí voy!

¡Mmmh! ¡Sssiii!

¡PUAJJJ!

¡Mmmh! ¡Sssiii!

Todo con él se vuelve nauseas.

¡Mmmh! ¡Ohhh ¡Sssiii!

Ya va, ya termina la peli. Quedate tranquilo que estoy empapada de vos. Re mojada. Con muchas ganas de acabarte y sentirme.

Adentro.

Adentro de un universo paralelo.

Tan adentro que el corazón deja de latir.

KAPOW!

KAPOW!

KAPOW!

¡DALE, HELADERA! ¡SUBÍ! ¡NO SÉ QUÉ ESPERÁS! SI ESTÁS MÁS PARA ENFRIARME LA BIRRA QUE PARA PARARME LA PIJA.

¿No estábamos de velorio?

Me limpio los ojos. La bolsanegra no aguanta más el peso de mis lágrimas. Cuando engancho esta película, en esos sábados en que la acción sólo pasa por el televisor, me dejo llevar. Limpio el pepino con vinagre y lloro. Es como estar debajo del agua, sumergida en el único lugar donde mi bocho deja de hacerse y puedo respirar.

Practico, por si las moscas y las amenazas, mi imperativo categórico: primero los pensamientos y los niños.

¿Alguien sabe cuándo me toca?

Alguien de ustedes sabe

y grita:

¡Ponete los auriculares!

A mí nadie me dice lo que tengo que hacer; si lo que quiero. Quiero ser mar, pero me tapa la ola gigantesca que es. El agua me escupe a la orilla. Revuelta. Sin saber quién soy. Me arrastro por la arena a través del exceso y lo absurdo.

¡SEGURO TE ESTÁS COGIENDO A LA PSICÓLOGA, **PUTA!**

Me agota.

Estoy cansada de morir y nunca estar muerta.

Alterada en la cabeza grito su nombre para que me lleve de una.

Voz de silbido.

¡ANTHONYYY!

Me quiero infiltrar en su banda de *serfers* enmascarados. Ser su nirvana y cogérmelo detrás de la rompiente hasta volverme real como el sonido del agua.

¿Y ahora qué me van a decir?

Si no se cansan de verme y aceptar. Vivir al extremo siendo mujer requiere impulso, sacrificio y mucha valentía. No es para cualquiera.

Me ordeno frente a la tele. Con la cerveza limpio el bolsillo del guardapolvo y meto el pepino para que no se infecte. Miro alrededor. Sola en mi día de descanso. Hijos duermen y vos... ¡Ya voy! Voy hasta la cocina a preparar la yerba para un tereré alcohólico. Me pongo los auriculares para rajarme al otro lado y estar preparada.

Mojada hasta los dientes.

JAU LONG, JAU LONG UILL AI SLAID
SEPAREIT MAI SAID, AI DONT,
AI DONT BILIV ITS BAD

¿Qué carajo es un jaulón?
¡Dejá de decir boludeces y subí!
¡YA!

Jaulones para pájaros usados.
Todo le tengo que explicar.
Me agota.
Es incómodo sobrevivir en la realidad.

¿Alguien sabe cuál de las realidades?

La de acá, en casa, tengo la familia que necesito.

¿Alguien vio una casa?

¡Dale frígida, subí!

Bien que para que te garche otro te vas corriendo

¡Puta de mierda!

No se banca mi tiempo a solas, en mi película, que esta vez no me la hago, la veo. Lo veo. Me viola la mirada mientras domestica mis pajas. Su amor es el semen que acaba en mis ojos. Arde en su goce mientras yo juego a la muertita.

KAPOW!

KAPOW!

KAPOW!

¡Soy una desagradecida! Encima que me hace el favor de darme algo que nunca tuve.

Me quedo unos segundos en pausa.

Pienso.
Pienso.
Pienso.

Pienso en algo que nunca tuve.

¡Eso!
¡Una familia!

Organiza mis recursos para alcanzar sus metas. Se encarga de la plata, los pagos, de comprar la comida, decir qué sí y qué no, construir cabañas, saltar en los tablones, chorear y traficar tiros sin máscara.

Y ustedes, ¿qué miran?

Si para ustedes la careta soy yo.

Y las máscaras, lo único real que tengo además de la canción.

Me bajo los auriculares con bronca. Le doy el gusto. Algunas veces me siento. Solitaria. Nunca supe bien cómo ser mi amiga. En cambio, él, mi compañero exclusivo, sabe quién soy.

Me inventa.

Lo invento.

Todo un padre.

Ése que nunca tuve porque también se murió.

No lloro. Mis lágrimas están en la bolsanegra, son cenizas. Lo que sale de los ojos, apenas rasguños, un ardor que desarrollé, un estado de coma persistente en la mirada para no tener ningún signo de consciencia de lo que veo.

Veo, veo...

¿Alguien ve?

Estoy cómoda con lo que hace y representa. Siempre fui buena para delegar.

MIERDA!

Tengo que llevar el papel al baño de atrás.

Soy una mujer exitosa, de eso se trata una familia. Mi deber y sus reglas. Crecí con la muerte de papá, mientras mamá se perdía en las pistas de baile y yo sin saber bailar. Maduré con su frío, sin su olor, llena de huecos que hoy cubre mi maestro mayor de esta obra que construyo para ser lo que creo que hay que hacer:

Llorar sola todas mis muertes.

¿Alguien sabe cómo se vive con este hombre?

Me invento pautas de convivencia.

¿Alguien sabe qué es convivir?

Aceptar.
Me siento protegida.
Hace de mí su casa.
Perro guardián.

¡Ves que te gusta!

Me ayuda, me cree caridad y no lava nada porque no siente culpa. En el reparto de tareas me quedó cumplir.

La suerte siempre loca y de su parte. Soy sacrificada. Mi cuerpo es una tabla de piedra en la que escribe sus mandamientos. Peregrino. Avanza sin motivos religiosos con su oscura y gigantesca ola hasta formar una muralla de agua que revuelve el cielo entrerriano.

La tarde de siesta nos invade con forma de su madre. La abuela fecunda el silencio en una única pregunta, ¿Hijo qué te pasa? ¿Por qué estás tan cambiado?

Y no va que todos los ojos puestos en mí.

Al malo sólo el cariño y su madre viva.

Tremenda agonía.

Todos los años me pide que esté más enamorada.

Puaaajjj!

Desidia.

Vivo en un estado de duelo y él me pide besos. Terrorismo del amor. Una droga compasiva que pone viejo al corazón.

Vuelvo al acá de la tele con el Tereré y la birra. Sigo en la película, esa otra dimensión que no tiene doblaje de telenovelas. Hipnótica, lo llamo con toda mi cabeza, con todas mis sensaciones puestas en el más allá.

Voz de silbido.

¡ANTHONYYY!

Te veo mirándome. Juro que estás en todos lados. Sos el único que no lastima aunque vivas dejándome.

Voz de silbido.

¡ANTHONYYY!

Tampoco me hacés sentir ese abandono que me genera él cuando mira a una chica que le gusta.

Bum!

Detono.

Me traigo de celos al más acá.

Detono.

Abro la bolsanegra; me meto hasta la cintura.

Detono.

Juego al embolsado.

Lista para descartar.

Me tiro.

Quedo esparcida en terrenos inseguros llenos de soledad.

Un **"Te amo"** en una hoja de cuaderno Matador.

Mío no es, hace años que desconozco ese amo.

Me enserio al oír esas cosas.

¿En serio?

¿Alguien lo puede amar?

Por primera vez pienso en dejarlo. Una mujer lo ama y yo ya no sé qué soy. Él no quiere a nadie, pero se escapa a la ciudad a sentirse amado. A mí me dice que me quiere más que al vino y a la droga, pero seguro que con ella los comparte.

¿Alguien sabe si le chupa la pija sin manos como le gusta?

De salto en salto, con la mitad del cuerpo metido en la bolsanegra, llego hasta la meta, la mesa del comedor trinchera. Tiro todas las cosas que siguen ahí desde que me mentí que ya las había guardado.

¡Silencio!

Los chicos duermen.

KAPOW!

KAPOW!

KAPOW!

¡Dale, mierda, subí!

¡¡¡Encontró otra a quién adoctrinar!!!

Nos colecciona y ustedes nos convierten en números.

¡No! Ahora no apaguen la televisión.

¡Bánquenla!, somos malas noticias y no damos respiro.

Tan asintomáticos de la impresión que son ustedes, sólo espero que ella me esté mirando, hacerle señales de luces con mi sombra y avisarle que es difícil estar muerta, pero que es mi oportunidad para escapar.

Cambiar una figurita por otra.

Así es la vida de los coleccionistas.

MIERDA!

Tengo que llevar el papel al baño de atrás.

Ya voy amor, ya termina. No te duermas que hoy te la chupo sin manos como bicivoladora, con la lengua haciendo piruetas.

Me voy hasta el fondo de la bolsanegra. Contengo la respiración. El aire es todo mío. Aguanto sin tener que respirar, el mejor entrenamiento cuando necesito no sentirlo. Rehabilitación pulmonar, en silencio, para que después de unos segundos mi voz aumente la capacidad de supervivencia.

Grito afónico.

Rompo la bolsa hasta hacerme más allá de lo evidente.

La mujer increíble.

¿Alguien sabe qué hago con los celos?

La mujer es un lugar común.

Así los llama, CELOS, y yo los siento. Remolino de dolores. El Quijote de todas mis manchas. La única emoción que tengo como respuesta a todo. Soy inevitable, llevo al extremo mis valores.

¿Será por eso que me acostumbré fácil al amor?

Tengo miedo al **"Te amo"** escrito en una hoja de cuaderno Matador.

Más miedo por ella.

Más miedo.

A mí no me va matar.

Mi rival dejó de ser TUS FANTASMAS y pasó a ser de carne y hueso.

¿Y si la mata?

¿Alguien la ve?

¿Alguien la huele?

¿Alguien la escucha?

¿Alguien sabe de dónde nace esta furia que no me deja escuchar el final?

El final que espero.
El final que no se espera.
El final es un *ripit.*

Un ripit constante.

Un ripit como cuando un disco me toma por completo.
Un ripit como cuando alguien me gusta.
Un ripit como el sueño Ingalls.

Un ripit.

De temores.
De sensaciones intensas.
De realidades emocionales.

El mensaje oculto detrás de ver siempre lo mismo.

Olor a cebolla rehogada del tuco de una cocina huérfana. El aroma a abandono sabe igual que a comedor de escuela. Una alarma que no quiere que pierda, lo único que me pertenece, la familia.

Me anudo los restos de la bolsanegra para hacerla de nuevo como me hago yo. Experta en costuras. La ato a mi muñeca y saco otra del bolsillo del guardapolvo, por las dudas.

¿Alguien se da cuenta de cuánto la necesito en la realidad?

Se viene conmigo a todos lados, me voy a ella con todos mis lados. Insisten en que la deje, que renuncie.

¡Nunca!

¡Nunca!

¡Nunca!

De golpe en la cabeza, cambios psíquicos en mi corazón. Ruido blanco y el sueño Ingalls deja de ser cabaña para transformarse en cueva.

¿Alguien sabe si siempre fue lo mismo?

Más ruidos. Muchos. Muchos más. Ruidos. Desconocidos. Ruidos de ventanas. Nidos podridos. Empiezo a unir situaciones. Me enojo y, a los silencios que le regalo hace años, sólo los interrumpo con algún comentario irónico.

Él lo llama celos, yo abandono.

¿Alguien conoce la diferencia?

Son iguales al fuego y a la cabaña,

siempre se llevaron bien.

KAPOW!

KAPOW!

KAPOW!

La bestia rechina.

¿Qué hacés frígida?

Me estás pudriendo con tu película.

Seguro te gusta alguno de esos...

PUTA!

Aprovechame...

¿quién te va a coger así toda peluda?

¿Alguien vio a mis hijos?

Los hijos están a salvo, duermen.

Saco el pepino del bolsillo del guardapolvo. Lo escupo. Después chorrea lo que soy. Con la bolsanegra froto la cáscara con ferocidad. Pierdo la noción de mi concha. Hace rato. No sé cómo acabar, tampoco sé qué sentir por mi familia.

Dejen de especular.

No me voy a ir.

No tengo brújula y perdí
las convicciones.

¡Ves que te gusta!

No es llanto, es emoción. Me emociona. Me seco toda con la bolsanegra. Miro perdida la luz de la televisión. El Punto Límite del espacio que habito. Huyo con la película mientras acaricio al pepino.

El entretenimiento me salva.

Voz de silbido

¡ANTHONYYY!

Sos el fantasma de mi delirio.

Bailemos. Subime a tus pies. Vayámonos de gira. Giremos en el mismo sentido que el agua de mis inodoros.

¡¡¡Llevame con vos al otro lado!!!

Por el amor, favor.

KAPOW!

KAPOW!

KAPOW!

Se tira de cabeza sobre mí. No importa el giro, el correr del agua que, aunque cambie, ya sé lo que viene.

Su

lengua

de

gato

en

mi

concha.

Textura de púas que raspa y seca.

¿Alguien sabe cómo se goza sin que goce?

Escupe mi sexo para deshidratarme.

Trepa por mi cuerpo con su lengua de gato alpinista y pierde el aire.

Soy su montaña mala.

Saliva, vuelve a chupar. Maneja mis piernas, las abre como si estuviera descuartizando a un animal. Su cuerpo gira, cae de a chorros sobre el mío. Me coge con la boca y los puños. Mi concha grita; él goza como una PUTA! Busca el placer de exorcizarse, llenarme con esa leche de su madre que lo alimentó y acabarme.

Sin juego previo.

Me clava sus dedos de bala por la espalda y nada. Nada de canciones, nada de masajes con aceites perfumados, nada de imaginación, nada de gestos cariñosos, nada de morder los labios, nada de besos si no es en la boca; ¡nada! Un montón de nada y todo de vicios.

Soy su espejo de cuerpo entero.

Le saco la lengua.

Su silencio raspa.

Me irrita la concha y la cabeza,

entonces te pienso Anthony.

Te pienso para dejar de ser animal.

Te pienso para dejar de ser.

Te pienso para ser.

Quiero dolerme menos, llenarme de orgasmos antes de subir a ser su perra y acabar siendo su ciénaga.

Subo el volumen de la televisión.

Me pongo los auriculares y me caliento

con vos.

JAU LONG, JAU LONG UILL AI SLAID
SEPAREIT MAI SAID, AI DONT,
AI DONT BILIV ITS BAD

Me toco por debajo del delantal de maestra, gozo de lo bien puta que me gusta ser cuando la mano con la bolsanegra se llena de flujo, mientras mi concha late inflamada en tu voz y mi bocho.

Huelo.

Te atraigo como una perra, me sentís a la distancia. El clítoris deja de ser cicatriz. Es visible más allá de su calvario. Vuele a latir. Lo percibo de sensaciones e iluminás lo que ya sé: soy sensible al tacto. Los pezones se endurecen con tus dedos, chorrean el agua de mi boca. Mi concha húmeda es vida viva. Se hincha con mi sangre y la tuya, tu verga, pimienta roja, explota en mi ardor. Me convierto en un trastorno de la excitación, me orgasmeo de vos, jugosa, peluda. Te mojo entre mis pensamientos. Presiono ahí donde sé que me gusta. Te calienta besarme empapada. Tu boca anzuelo en mi concha tierra de leche y miel. Soy un mar de fuego líquido

vos,

el pionero *serfeando* mi ola.

Mi corazón palpita aparte de mi cuerpo y me voy.

Te vas.

Lejos de mi soledad ya no siento.

Me saco.

Bajo los auriculares al cuello.

Tengo miedo al mar,

a•mar,

matar.

Justo empieza a sonar una de las tuyas de fondo. La pone porque sabe que me gusta, me gustás, eso no lo sabe, no sabe que estás en el más acá con nosotros.

Estaring streit ap inchu de escai
Oh mai mai
A solar sistem dat fets...

Otra vez me sale bailar pero no quiero. Taras de la infancia. Con la bolsanegra sigo el ritmo, me la juego al juego de aparecer y desaparecer.

...In iour ais
Maicrocosium

¿Dónde está?
¡Acá tá!

Iu culd dai, bat iour never ded, spaider guew
Teik a luk at de estars in iour jed,
filds of espeis kid.

Le pido que la ponga al palo. Balbuceo, me quedo fija en el agujero de la campana del timbre. Me tapo la boca con la bolsanegra, reflejo nervioso, y la mano se extiende sola hacia ustedes.

Tira la mitad de mi cuerpo sobre la mesa del comedor trinchera, siempre boca abajo, se lanza filoso con su pija machete sobre mi espalda. Atenta al único movimiento de mi adversario, para adelante y para atrás, me aplasta; ya no lo siento. Es una lija que deforma y pule hasta eliminar todas mis capas. Me clava. Busco una salida, pero mis ojos apenas llegan al agujero

cul-de-sac

de la campana de timbre.

CRASH!

CRHAS!

CRASH!

El sonido de su cuerpo es seco, igualito a los tres **KAPOW!** sobre la pared, yo, revuelta en sus gargajos porque le cuesta entrar. Se da un pase con mi concha y le pinta el milagro.

Pica con su pija venenosa.

Evito rascármelo de encima. Urticaria. Roncha de la expresión. Su síntoma por la piel y por las entrañas. Me agarro fuerte de los bordes del más allá y de la mesa comedor trinchera que cruje

o llora.

Nadie sabe.

¿Y si soy yo?

Tampoco importa.

Su fe acuchilla mi cara. Se cree mis propias mentiras. Que soy de plástico, que puede desarmarme y volverme a armar como a un Rasti. Trabar en un mismo lugar hasta encastrar a su antojo. De tanto que me tiró abajo, ya no sabe a dónde puso mi clítoris.

Me rompe el orto mientras me canta "Suave" al oído.

Mi cuerpo trata de vomitarlo.

Me da arcadas y él cree que acabo.

Luismi nunca funcionó para el amor.

Finjo.

Finjo eso de fingir.

Un acto común y corriente.

¡Los orgasmos son pura ficción!

Me contraigo sin devolverle nada. Me hago la gauchita, pienso en otra cosa mientras me rompe. Nunca supe bien qué es eso de besar en la boca. Tengo el síndrome Julia Roberts en Mujer Bonita.

¡Ah! ¡Ahhhhh! ¡Ah!

¡Ufff! ¡Ahhhhh! ¡Seee!

Cuando lo conocí tenía las fauces cocidas.

¡Ay, seee, papi!

Me excitaba sentirlo fracturado, el roce de nuestros labios que nunca llegaban a besos. Después, cuando se convirtió en mi enfermedad, jamás volví a besarlo

en la boca.

¡Ay, seee, papi!

Me pide que le de el pepino, que le de más. Cada día. Más. Me da vuelta como una media y me saca su consuelo. Paso la lengua por el pepino y no quiero largarlo. Es menos insípido que su pija.

¡Aghggh! ¡Aghggh! ¡Aghggh!

¡Ay, seee, papi!

Todo menos besar en la boca.

Es mi venganza.

¡CALLATE, FORRA HIJA DE RE MIL PUTAS!

SEGURO ESTÁS PENSANDO EN ESE GIL.

¿¡SABÉS CÓMO ME LOS EJECUTO A LOS DOS, CONCHUDA!?

Hace que se mueve, pero es el pepino por mi culo. Lo revuelve por mi interior como queriéndome sacar la bala que se le perdió.

Mi resistencia lo habita.

Me arranca las venas, se las lleva a las vías abandonadas. Me deja con su arteria podrida y un amor.

Me enluta.

¡NO!

Lo perturbador es su garche. Hiere el pudor.

Me tapa la boca con una de mis bombachas tajeadas.

Vende mi silencio.

¿Alguien más lo quiere?

Mi cuerpo vibra con su sonido. La respiración ahogada actúa sobre sus emociones y su verga. Provoca sus descargas, me seca de un golpe. Dejo la cabeza contra el cubrecama que usamos de mantel. Me ato las manos con la bolsanegra para que se la crea mientras sigue dándome para que tenga.

Me excava profundo como mina de soledad.

El pepino es su mejor arma.

TE VOY A PRENDER FUEGO A VOS CON LOS CHICOS.

No hay nada que caliente más que la palabra.

Un montón de nada.

Es de los que piensa que las mujeres somos más auditivas, aunque él necesite cantarme "Suave" al oído y que sea más cariñosa.

Como siempre te soñé.

Como siempre te soñé.

La letra lo dice todo.

Sigo boca abajo con una mitad del cuerpo sobre la mesa del comedor y lo que queda de la otra abierta de piernas. Me pone el pepino en la boca. El sigue moviéndose, epiléptico de mi deseo, contorsionista de la dulzura.

Suave,

como transportas al placer

Suave

amor sin prisa

Como siempre te soñé.

Masturbo al pepino.

Sabemos que los hombres son más visuales.

¿Alguien vio al hombre?

Tiro poses, *performance* del amor, una cosa de figuras alternativas, ya parezco un Transformers. Me come el personaje. Desarrollo posturas como jeroglífico egipcio. Soy robótica para coger. Lo único libre es mi estilo cuando limpio inodoros. Me tuerzo de dolor con movimientos de gimnasta.

¡Otra vez la Comaneci!

PUTA!

Doy un giro con el pepino en la boca y su alambre de pija cercándome el culo. Exagera movimientos. La mesa comedor trinchera cruje, nosotros chocamos, lo más parecido que tenemos a hacer el amor.

CRASH!

CRASH!

CRASH!

Babeada y en pose, re•creo en la bolsanegra, su sombra china contra la pared. Todo un personaje. Una parodia codificada del placer. Aprovecho su debilidad, me afianzo en su consciencia con la forma que más les gusta junto a esos gritos de placer acompasados.

Llororío.

Ritmo tajeado como mis bombachas.

La respiración se vuelve El Grito.

¡Ah! ¡Ahhhhh! ¡Ah!

Libero tensiones.

Me desconecto del cuerpo, desvelo de sentir.

¡No pares! ¡Seguí, dale! ¡Más fuerte! ¡Más adentro!

Más disociada del éxtasis.

Algunas técnicas consisten en soltar la voz.

Hago un poco de escándalo.

¿Alguien me escucha?

Ya se acostumbraron, ¿no?

Disfrutan del ruido. De mirarme. Verme chorrear ese flujo anormal de mis órganos.

¿Se estimulan?

Si me hago la muerta los que acaban son ustedes.

¡Pajeros del horror!

¡Ah! ¡Ahhhhh! ¡Ah!

¡Ufff! ¡Ahhhhh! ¡Seee!

Maratonista del goce, no acaba nunca. Huele a carroña. Olor a fiera acorralada que se mezcla con el insecticida para las moscas.

El aroma a hogar lo perturba.

Casi llora porque cree que me ama.

Intenta besarme.

Todo menos besos en la boca.

¿Alguien que le quiera explicar?

Sonidos confusos cuando me chupa porque le duele. Succiona mi clítoris con los labios. Sólo aprendió a lubricar.

PLOF!

Murmullos de fluidos, el choque frontal de su sexo contra el mío.

Una sinfonía.

Me agarro asco de mí en el medio de su verga, pero ahora tiene alguien que lo ama, se siente poderoso. Lo aprieto entre mis piernas. Nadie merece ser abandonado.

¡Ves que te gusta!

Intento subirme los auriculares, me los baja de un tirón.

¡CERDA, MIRÁ CÓMO ACABÁS!

Siempre mi música y sus palabras para estimular ciertas zonas del cuerpo.

¿Alguien finge el orgasmo?

Está bien. Lo admito. Me ahorra algunos
sueños y reafirmo su autoestima.
Toda una tradición.

Mierda!
¡Otra vez el pepino!; se cansa rápido de mí.
¡Vamos! ¡Ahora sí!
Disfruten del derrumbe conmigo.

Violento por el culo.

¡Ah! ¡Ahhhhh! ¡Ah!
¡Grrr...! ¡Ay! ¡cri, cri!

El pepino sangra.

¡Ay, seee, papi! ¡No pares!
¡Grrr...! ¿Ay!
GUAU! GUAU! GUAU!
¡Seguí, dale!

La respiración pide auxilio.

¡Aj! ¡Puaj!

Nadie entiende de códigos, sólo sus hinchas.

¡Más fuerte!

¡Más adentro!

¡Más! ¡Más! ¡Más!

¡Aj! ¡Aj! ¡Aj!
Me da cada día más.

POW!

PUFF!

BAM!

Sufrir es una forma de vida, no una razón para tenerme pena.

KAPOW! KAPOW! KAPOW!

Igual me duele menos que cuando tenía los puntos de la cesárea porque eso de esperar a que cicatrice no es amor. Las heridas siempre abiertas. Lo supuro pero no llego a limpiármelo del todo. La sangre me lleva mientras él se nutre con mi oxígeno. Se mueve y forma grietas. Es un terremoto. Me parte por dentro, por afuera sigo entera.

Prefiero que me rompa el corazón y no el orto.

Se pone intenso.

Si dejo de moverme...

BOOM!

Exploto toda y la cabaña se llena de nidos que construye a trompadas. La barbarie ya forma parte de nuestra naturaleza. Chupo sus dedos. Restos de antimonio, bario y plomo. Sus tres elementos siempre impregnados en la mano que sostiene el arma, en cambio las mías están cargadas del olor a plástico de la bolsanegra.

Sueño ríos de sangre.

Matar de ausencia
el rumor
más profundo y real.

Revoleo el pepino.

En una pose quedo boca arriba con el guardapolvo de maestra levantado tapándome la nada.

Escupe su semen en mis ojos.

Al final llegó el final.

Me ciega del todo.

Mientras lloro su leche, las mejillas saladas se oxidan.

Estigmas de su cruz, su mejor expresión.

HA

HA

HA

Se ríe.

EL

AMOR

ES

CONTAGIOSO.

Bromeo.

Contempla el horror por fuera de sí mismo y se niega a asumir la experiencia de la destrucción.

BLAM!

La pelopincho es un estanque sin vida lleno de nada.

Lo miro un segundo.
Me mira.
Es el mismo desconocido.
Lo miro un segundo menos
Soy el mismo secreto.
Nos miramos.
El secreto de nuestros hijos.

Nos miramos.
El secreto de todos.
Nos miramos.
El secreto
de ustedes.

BWHOOM!

¿Alguien sabe qué hacer con la tradición?

ARRAUN DE UORLD!

Las luces se encaprichan y juegan a la noche polar. Me quiere oscura, sin ver, confundir las mañanas con el futuro, convertirme en penumbra dentro de su círculo glacial.

Mi tierra se inclina. Me vuelvo horizonte, difusa cuando abro las ventanas. Una pizca de luz refractada sobra las botellas de cerveza, ilumina los papelitos que se amontonan con el mismo deseo.

Vuelvo a pedirlo y me cierro
con toda la cabaña abierta.

¡Quedate quieta!

Casi muerta vivo en el mismo lugar donde siempre encuentran los huesos de mi sueño Ingalls.

El silencio aparece como ejercicio del terror.
El silencio habla del vacío que produce la muerte.
El silencio es la condena por estar viva.

SHHH! SHHH! SHHH!

¿Alguien piensa en el silencio de las muertas?

Me siento al borde de la mesa del comedor trinchera con las piernas colgadas. Precipicio invisible, abismo desierto. De la bolsanegra saco las bombachas cortadas, los *cidis* rayados con la llave de la cerradura que juré no cambiar y el **"Te Amo"** embalsamado en el papelito de esa otra mujer.

¡Todos los cadáveres son de él!

Los arrojo al agujero más profundo de su planeta. Y caigo, otra vez, en la tradición de la buena suerte. La familia en ojos espectadores disimula la tragedia, soy libre de ser realmente quién soy.

¿Alguien sabe quién soy?

La turista de mi propio sueño y desde la tele, Anthony, desenmascarado, con su bandita de malos, tira una media sonrisa y me convierto en mar.

¡Tierra, tragame!

No quiero que me vea

ser

feliz

ser

mujer

¡Tierra, tragame!
Antes de que me devoren por completo.

Las patadas y el fuego son los únicos que lo entienden. Andan de guardaespaldas amenazándome que son ellos los que me van a devorar por completo. Mi mundo y el miedo son así, como un puño cerrado, enormes y bien pequeños.

¿Alguien sabe qué es el miedo?

Me subo los auriculares. Levanto los rastros desperdiciados por toda la cabaña, los guardo en la bolsanegra. Más cadáveres y recuerdos: el *cidi* de Californiqueishon, unas fotos con mi papá también muerto, el camisón de mi abuela, una botella de Tab, el envoltorio de un Topolín abandonado de sorpresa y un libro sin deshojar.

Voy y vengo en paralelo a él.

Mi vacío en su cubo de basura. Pulso el botón para compactarme y canto bajito.

Mi voz, todavía, sin signos de haber sido descuartizada.

JAU LONG, JAU LONG UILL AI SLAID
SEPAREIT MAI SAID, AI DONT,
AI DONT BILIV ITS BAD

Al trote desorientada

mi cuerpo tierno, la cabeza llena de polvo y fantasmas. Ganchos con carnada que huelen a mí para confundirlo. Fotos de mis hijos durmiendo colgadas en frascos con formol para conservar lo mejor de su niñez.

Tristes reflejos de adultos llenos de miedo.

Los pájaros lloran.

¿O son las palpitaciones de mi corazón?

Lo peor que puedo hacer es dejarlo.

¿Alguien lo puede dejar por mí?

Por suerte ya lo aman, pero él nos quiere a todas para desahogarse como hincha en su tribuna.

Susurro

¡DEJAME IR!

Y quedo afónica.

Mi angustia es una obra puntillista. Puntos rojos. Moretones. Matices del arcoíris. A cierta distancia forman figuras y paisajes bien definidos.

Principio óptico.

¿A quién les hace acordar?

No se hagan, si me están viendo.

Apenas me desangro. El riesgo capital de dar el corazón. Mensajes de texto me piden que corra. Los lloro sin leerlos y corto las llamadas. Ecos de voces que ruegan. Hablo sólo para avisarle a Hijos o para repetirme hasta agujerear la memoria los gramos de carne picada que me manda a comprar.

¿Alguien necesita las palabras?

Las palabras son souvenirs.

Un recuerdo de viaje de alguien que no quiero ser.

¡A mí no me va matar!

¿Y si mata a esa otra mujer?

De la bolsanegra saco la transparente de la carnicería. Recolecto lo que queda de mí y los restos del sueño Ingalls picados. Llego a la campana del timbre. La observo devota, mientras guardo los auriculares en la bolsanegra y me doy cuenta de que nunca estuvieron conectados a nada más que a mí. Balbuceo la canción de fondo del único *Cidi* que pude rescatar cuando quedó atrapado en el reproductor.

Creo que ya se los dije.

Soy su *ripit.*

Ai nouw Ai nouw for shour
Dat laif is biutiful arraun de uorld
Ai nouw Ai nouw its iu
Iu sey jellou, an den ai sey aidu

Intento bailar pero la duda me detiene. Sigo el compás de la bala con su *bit* particular y agarro un ritmo que no puedo pilotear. Disociación corporal. Juego de rodillas sin rezar. Desplazamiento de gata, movimientos de manos ahogadas, giros y caídas.

Cadereo de más.

Mi herida es un paso de baile, una danza invisible contra la negación. Pero del otro lado bailoteo hasta sin música, con los ojos cerrados, doy vueltas sobre mí misma, aprendo a girar en un pie. Bailo enfrentada, tomo impulso, tiro pasos, los prohibidos, y salgo con uno básico para no volver al punto de partida. La mirada fija en el agujero de la campana del timbre, justo ahí, a la altura de mis ojos para ayudarme a no ver, a no verme los pies, no verme perder el equilibrio de no verme.

¡Quién iba a decir que en mi fin iba a aprender a bailar!

Abandono el sueño Ingalls y me entrego. Los santos alrededor del timbre me besan la mano. Los respiro, descarto su bendición en la bolsanegra.

Me voy.

Salgo a buscar señal.

Esquivo la tierra calcinada donde lo único que brota es la indiferencia. Me pierdo antes que las balas. Mis ojos queman. Arden en el viento de un mito mal curado.

¿Alguien sabe cuál es la diferencia entre mito y secreto?

La naturaleza me despliega por completo. Siento como si estuviera en todo el mundo y vivir fuera hermoso. Las nubes como cuerpos de odio se deshilachan. Algodón de azúcar, sabor a río, el aroma a vida y el sonido de los árboles que no plantamos. Esa no es mi historia.

Acá no hay tiempo para la tristeza.

Acá la rabia es un maltrato animal.

Acá se trabaja la tierra a soja y desmonte.

Acá la desesperación se cura con agua termal.

Acá perdí el rastro que taparon ustedes.

Acá perdí mi nombre.

Acá perdí mi cara.

Acá perdí.

¿Alguien vio a los teros?

Empalmo la ruta. Durante los nueve kilómetros que me separan de todo, llego al centro de la ciudad que siempre está orillas del río. Puedo sentir más allá de Anthony, sólo me falta aprender a hablar, sacar el polvo de la garganta y caminar erguida a pesar de las inconsistencias del terreno familiar.

Me tiro del escenario sobre ustedes con el cuchillo entre los dientes como *rockstar* heroica de pueblo. Termino en el suelo. Nadie me da una mano para levantarme. Puedo sola. Corro descalza por la 12 de Abril, la calle principal, uno de los paseos obligados del pueblo; le brindo al turista lo mejor de mí.

El cielo parece matarme.

Me confundo en el sonido de los que están calzados y los afectos tristes.

Guardo silencio, es todo lo que tengo.

Me ignoro.

Acá sobran las pinzas eléctricas.

Acá te aturden la cabeza y después el corazón.

Acá las cerdas mueren.

¿Alguien sabe quién soy acá?

Los sonidos se convierten en ruidos y el espíritu en ese constante estado de error. La respiración se vuelve irregular, las manos frías, las uñas pálidas. Líneas violáceas por el cuerpo.

Soy un impresionismo abstracto.

Los pensamientos sangran, se mezclan con voces conocidas por todos

¡Qué van a decir en la iglesia!

¡¿Quién te va a coger con esas estrías?!

¿O era querer?

No vale como asesinato cuando dios te quita
la vida
o te pisa
un auto por cruzar la 12 de Abril sin mirar.
Tampoco cuando envía ángeles.

Un sonido a gárgara aturde.

Su mamá también salió a cazar.

Me tapo los oídos.

¿Alguien lo escucha?

Es un bip en línea recta. Un pitido escandaloso que sale de mí. Lo siento. Siento como mi corazón se cae. Me abrazo. Necesito el contacto con mi piel. Darme calor y seguir.

Viva.

Corro en el mismo lugar. No sé dónde estoy con exactitud ni quiénes son los que están en esta área de toma de decisiones. Cada vez respondo menos, es que no hablamos la misma condena. A la mía le puso delito capital.

Sigo corriendo.
Corro más fuerte que las habladurías.
Paso la frontera.
Cambio de pena con la misma muerte.
No apunta a donde estoy,
me apunta
a donde voy a estar.
A donde no lo espero.
Y no se la espera.
Me disfrazo de escapista
fantasma de mi libertad.

Mi mejor hazaña
es vivir
y me desplomo
en una silla.

Seco la transpiración de la frente con partes de la bolsanegra. Agito la otra mano para darme viento y atrapar las lágrimas. Me siento incómoda, gracias al derecho, con esa postura de sentenciada.

El vasito con agua no ayuda.

La sala está vacía y soy a la que interrogan. El tribunal no existe, acá todo es tribuna. Acá todo hay que demostrar.

De la bolsanegra saco mi celular. Lo entrego. De esa nada, el sonido de una máquina de escribir, constante y rítmico, aturde más que sacrificio animal.

¡Perdón! Vengo esquivando las balas, digo, y lo único que escucho es una voz de comisario, masculino de gorra y uniforme, riéndose en busca cómplices. La duda es su placa de honor porque toda puta puede ser profanada. Esa habilidad para la disciplina, la comunicación y la empatía. Género policial, carne preparada de manera higiénica para alimentar la ancestral tradición.

Se pone a replicar. Recita las amenazas con voz de sirena de patrullero mientras lo aplauden de pie. Su persecución criminal toma declaración y se suma al acto.

> -En el día de la fecha, atento a la gravedad, tono de las llamadas y mensajes de texto recibidos en su teléfono, transcribo textualmente los mismos, el número del cual han sido enviados, fecha, hora de envío y demás circunstancias que resulten.

El tipeo me adormece.

El comisario aplaude para que no cabecee.

Espasmo muscular.

Salto del sueño Ingalls con una sensación de caída.

-No es bueno quedarse dormida, señora, hay que evitar cualquier estado de conmoción, ¿sabe? ¿Quiere un mate?

¿Querer? ¿Qué era eso?

El cana se pone ansioso.

No quiere perderse la novela.

-Leo a la compareciente, quién firma ante mí, doy fe.

Firmo en el aire.

Acá todo es dígalo con mímica.

-Acto seguido procedo a dar cumplimiento al requerimiento. Tomo el celular Sony Ericsson con visor color externo. Constato que el mismo pertenece a la línea 03442-155*42*42.

Anote bien que sin código no me encuentra nunca.

¡El código es importante!

-Acto seguido procedo desde el menú a entrar en mensajes guardados y constato la existencia de varios de ellos.

¿Alguien que me crea sin constatar?

-Acto seguido procedo a transcribir algunos de los mismos que dicen textualmente: "NO SABÉS CÓMO ME GUSTARÍA QUE TE MUERAS, LOCO. JURO QUE SOS LO PEOR QUE ME PASÓ EN LA VIDA. ABANDONADA Y SUCIA, PELUDA, PERO SEGURO QUE AHORA PARA EL GIL QUE TE COGÉS, TE LA PELÁS. CORNUDA".

Llororío.
¿O es la vergüenza?

Me huelo las axilas. Disimulada como lo que soy, paso la mano por la entrepierna y olfateo los dedos.

¿Alguien quiere oler?

Y sí, siempre la duda.

Acto seguido el cana dice que me quede quieta, hace promesas y tira tierra con un vas a estar bien.

Acto seguido me patrulla. Necesita alimentar la caja de la comisaría. Ni un centavo tengo y los del vuelto no los puedo gastar, las cuentas siempre tienen que cerrar.

Se hace el gil, ya sabe, no soy la primera que viene.

Acto seguido mete cizaña y lleva mi conflicto al pueblo.

Acto seguido transcribe a los gritos:

"DECILE AL QUE TE GARCHÁS QUE TENÉS HIJOS ¡BAH! IGUAL SE VA A DAR CUENTA CUANTO TE VEA EN PELOTAS. Y DECILE QUE TENÉS EL CULO ASÍ...

¿Alguien sabe cómo tengo el culo?

...PORQUE LO USABAS TODOS LOS DÍAS. ¡HA!"

El "HA" lo escribe en mayúscula y se ríe.

Se ríe igualito a William Boo.

Un malo simpático.

Acá todo es risa y represión.

¿Alguien sabe qué es lo gracioso?

Acto seguido el comisario se hace el locutor y escribe en voz alta porque, ante todo, la humillación.

> -Otro dice: "MÁS VALE QUE NI SE TE OCURRA JUNTAR A LA MÁS CHICA CON EL CHABÓN PORQUE TE JURO QUE TE PUDRO, HIJA DE PUTA".

¿Alguien sabe cuál es mi fecha de vencimiento?

Acto seguido me cruzo y descruzo de piernas. Lo incomodo. No le gustan las interrupciones. De pie, pide que me sienta cómoda. Me da su pañuelo de tela recién planchado. Huele a alcanfor y a esa seguridad a la fuerza. Refriego los ojos, mancho. Sueno los mocos para arriba, no le voy a dejar rastros en su compasión de tela para que lo use en mi contra. Ya no sabe qué más sacarme mientras sigue fanático en las odas de amor por guatsap.

-Otro dice: "Mirá la concha de tu madre, vos a mí no me decís lo que hago. Dejás a los chicos por todos lados como lo hacía tu vieja con vos, **PUTA!** Bien muerta está".

Lloro sin el río.
Lloro.

¿Alguien sabe por qué se murió mamá?

-Otro dice: "Te voy a ver podrida, si Dios quiere..."

Acto seguido asiento con la cabeza. Me mira cómplice. La risa son lágrimas. Exceso de agua. Agua bendita. Pasa que es muy creyente, aclaro.

¡Ves que te gusta!

Justifico por instinto.

¿Alguien sabe quién es Dios?

-El último de los mensajes dice: "No quiero que hija más chica vea mil machos como viste vos. Egoísta de mierda. No quieras hacerla puta como vos".

¿Alguien sabe qué es ser **PUTA!**?

Acto seguido le devuelvo el pañuelo manchado.
Lo huele y me pide un autógrafo.

-Se le solicita a la compareciente que antes de firmar, lea. Lea tranquila, controle cada palabra. Mire que la denuncia se puede volver en su contra. Sabrá que no es mi culpa que hoy se escriba tan mal. Lea. Lea tranquila.

Y tenga en cuenta que están pidiendo otra.
¿Escucha?
Un bis, que le dicen.
¿Escucha?
Oiga como la aclaman:
¡Otra, otra, otra!
¿Escucha?

¿Alguien sabe a qué se refieren cuando piden otra?

-¿Quiere que le vuelva a leer los mensajes? Digo, por si se nos pasó alguna palabrita. Mire que acá las horas extras se pagan bien, sabe. Piense en nosotros, señora, acá tenemos el mejor público del mundo. Dele, no se haga rogar, lea en voz alta que esta vez lo transcribo en la computadora así ven mi capacitación.

Leo en voz baja y los fans lloran.
Pienso.
La tranquilidad es una mentira de pueblo.

-Acto seguido, la compareciente deja un nombre de contacto en caso de extravío o pérdida: Anthony! No se acuerda el apellido. Sólo sabe que empieza con K. Acto seguido pronuncia el nombre un tono más elevado. AN-THO-NY. Con H de después de la T e I griega de aYuda.

El comisario sigue en su acto de Acto Seguido mientras saco de la bolsanegra el cidi de Californiqueishon.

-Acto seguido hace entrega de un disco de tapa rota con el título del mismo rayado con birome. Acto seguido solicita que se lo escuche dada la importancia de su mensaje. Acto seguido agrega que en el tema cuatro está el código de área sin número de teléfono. Acto seguido se deja constancia de que la compareciente comienza a elevar la voz en otro idioma.

Atento a la gravedad del tono, transcribo al pie de la letra:

JAU LONG, JAU LONG UILL AI SLAID
SEPAREIT MAI SAID, AI DONT,
AI DONT BILIV ITS BAD.
Acto seguido firma ante mí, doy fe.

Acto seguido hace entrega de un libro en custodia. Aclara que no le falta ninguna hoja y dice textualmente:

MIERDA!

Tengo que llevar el papel al baño de atrás.

ACÁ TODO ES UN ACTO SEGUIDO!

Escapo de la comisaría. Descalza por la vereda de un centro que desconozco y más allá, la heladería que funciona como perdón. Lo cotidiano se vuelve natural, no asombra a nadie, como la puerta roja sin llave a medio terminar.

Decido y vuelvo
a correr frente a mi público. Sólo miro para atrás
para comprobar que no me siga ni él, ni su madre,
ni el cana, ni los teros. Dejo todo a mis espaldas.
Pienso en liberarme, después en la desnudez y la
selva. Paso por el *Ciber*, me despido de los que todavía

buscan consuelo en una respuesta de internet.
Saludo al encargado, aunque lo dejara entrar para
que me sorprenda siempre de atrás, tapándome lo
ojos y preguntándome con su voz de Matador,
¿ADIVINÁ QUIÉN SOY?

¿Quién iba a ser?

Él es toda una adivinanza y Google nunca sirve para darme respuestas. Tengo que andar adivinando al adivinador. Adaptarme a contestaciones automáticas mientras me interpretan, dicen que quizá quiero decir otra cosa y no la que vivo. Puro algoritmo

violento.

¿Alguien sabe qué se busca cuando no se sabe qué buscar?

Yo también me estoy yendo.

Vuelvo a la cabaña con lo que tengo: tres hijos, una denuncia policial y algunas de las hojas del único libro de mamá que él no usó, con todos los demás se limpió el culo porque en el baño de atrás nunca hay papel.

¡VAGA DEL ORTO!

Mamá siempre estuvo en su mierda como yo.
Dos reventadas.
Dos.
Un número más.
La Sacerdotisa.
Su velo blanco como bolsanegra.
Las estrellas prendidas fuego.
El cielo rojo.
Tiembla.
Se llena de caras y las formas desaparecen.

¡¿Alguien escucha las palabras
de una muerta?!

ODERSAID!

Bern mi aut, liv mi ondi odersaid.

Sus ojos miran profundo.
Brillantes y adaptados
mis restos
llenos de asfixia

Sobre la mesa
del comedor trinchera,
la bolsanegra
soy yo.

Mi descanso ya no inquieta.
Subo y dejo caer las piernas.
Unos minutos después
de muerta,
los cuerpos se siguen
moviendo.

Todavía estoy viva
y mi amor no
es otra cosa
que un compañero
de celda.

¡No te la puedo creer! ¡Todavía sigan acá!

Al final están todos de su lado.

Igual que yo.

¡Ves que te gusta!

Soy poca a sus ojos. Me expreso sin hablar. Ahora entiendo, la culpa es mía, me escuchan pero no me ven. Acá todo son palabras, el biri biri del amor, y nadie quiere saber la importancia de los gestos y el código.

Mi cuerpo no encuentra la voz, esa melodía monótona de la existencia, tu vos, en mi sangre, y las otras voces siempre distantes.

Deambulo por la cabaña como si fuese un sueño mal construido. Por primera vez la desconozco. Me tomo mi tiempo para mirar el abuso de todo, de la tristeza también. Me veo en las personas olvidadas y en mis hijos salvajes.

Todo está limpio y ordenado.

¡Yo no fui!

En la mesa del comedor trinchera no queda nada.

Huele a incienso, mirra y faso.

AI GUONT CHU NOUW GUAT LOV IS
AI GUONT IU CHU SHOU MI

Escucho una canción en su cabeza.

¿Alguien sabe cuándo aprendió a hablar en inglés?

Algo me dice que estoy lejos de mi mundo. Debe ser mi fe silenciosa, la intuición se las debo. Me desconcierta las uñas rojas y las venas marcadas. Hay una división ilusoria entre la idea que alguna vez tuve de vos y vos. La cadencia brutal de tu musiquita más oscura suena por todos los inodoros.

Quiere pegármela,

desnudarme en el medio de su nada cantando la misma canción, una y otra vez, para que no me lo pueda sacar de la cabeza.

Sentir su pulso.

Imágenes musicales.

Me tiro sobre la mesa del comedor trinchera, la repleto de mí.

¡Ves que te gusta!

El cuerpo no tiene memoria y el mío recién aprendió balbucear. Los estados internos como el hambre, la alegría, la sorpresa o el miedo...

¿Alguien sabe la diferencia entre sorpresa y miedo?

... aprendí a imitarlos, forman parte de otra cultura, un idioma diferente que canto por fonética. Suspiro nostalgia, tarareo la melodía del Llororío. Me sale igual a cuando canto en la ducha. En cadena, mi desencadenante emocional con ese único gesto para hablar de recién nacida.

Lloro.

Río.

Y me tratan de histérica, mientras le mete remedios a mis orgasmos y a mi cabeza.

¿Alguien sabe si son remedios o remiedos?

La lengua materna la estudié de memoria. También el lenguaje de señas, el corporal, las señales de humo, pero para todas me falta eso de la comprensión.

Debe ser la costumbre.

Me acostumbré a que me lean en voz alta.

Me acostumbré a mi verdad que ya está vieja y aburre.

Me acostumbré a creer que la oscuridad es luz.

Ya me ven, los ojos de ustedes también se adaptaron. Su humanidad deshumanizada y la mía peligrosamente natural como el personal policial.

¡Qué par de pájaros los dos!

Asesinos de emociones, coleccionan silencios mientras la realidad nunca golpea la puerta del pueblo.

Me cierro de sentidos.

Sólo escucho su voz esperando que alguien me lleve. Anthony se fue a la mierda y mi vida mental sigue ahí, a todo volumen, con los auriculares puestos en el más allá.

JAU LONG, JAU LONG UILL AI SLAID
SEPAREIT MAI SAID, AI DONT,
AI DONT BILIV ITS BAD

Aturdo.

Todo sigue igual.

Soy la intensidad de mi música escondida en muchas de las canciones que dicen mamá.

KAPOW!

KAPOW!

KAPOW!

Espía psíquico.

El sonido de los tres golpes se acerca. Es idéntico al ¡canten, putos! de los teros cuando anuncian la lluvia y las visitas. Vibra en mi cuerpo, tiene forma de alas de púas. Las despliega para atacar mi otro lado y apagar el *jau long*. Todavía no se enteró de que lo entregué en custodia junto al único libro que me dejó de mamá. Y a mí no me vengan con el cuento, ¡eh!, el tipo tiene un fanatismo envidiable para defender su territorio de acción: mi cuerpo, el nido y la bandera del Matador.

¿Alguien escucha la máquina de escribir?

En el más acá el **KAPOW!** se confunde con otras voces distorsionadas como mi vida en la bolsanegra.

Restos de mi ser, querido.

La cabeza inclinada hacia un lado de la mesa del comedor trinchera.

Goteo y nace la flor de ceibo.

¡Ahora son ustedes los perdidos!

¿Alguien le encuentra el re·sentido a mi vida?

La cautela los consume y la duda los desespera, ¿no?

Son como los teros, canten ahora, ¡putos!

Martillazos.

Mi humanidad es un esguince. Dolor. Hinchazón. Ya no quedan más vendas. Todo se confunde. Pierdo el nombre...

¿Alguien sabe los números de la suerte?

El murmullo de las herramientas trepa por la cabaña y por las patas de la mesa del comedor trinchera igual al jazmín enredadera, perfumado para cerco, vivo, que cae de las tejas y oculta la puerta de entrada sin llave.

Retumba.

El eco del sueño Ingalls es un árbol viejo y sagrado. Sus raíces, en lo profundo del cielo, se expanden por mis venas hasta romperme del mismo modo que a las macetas. Y crece. Crece radioactivo. Crece tan rápido como la humedad del suelo.

Es un derrame.

Pesticida.

Destruye las plantas, las perras, los hijos y las decisiones. Repele todo el miedo ambiente, pero atrae a los otros ruidos y corre por mi cuerpo como Gremlin mojado.

Hace de las suyas, me deja sin recurso renovable.

Es un pensamiento perpetuo...

AI GUONT CHU NOW GUAT LOV IS.

...una cadena que me dice qué somos.

¿Alguien sabe qué significa la palabra somos?

Él, es.

Yo, asterísco.

Los pájaros dejaron de escucharme, están en su lucha. Intentan mantener el canto frente al murmullo endémico de la máquina de escribir.

Cruento combate.

Las aves que cantan bajito no consiguen hacerse oír en condiciones de ruido.

¿A quién les hace acordar?

Cada tanto me voy a su mente.

No se aceptan cambios ni devoluciones.

¿Alguien sabe si fue por eso que el cana no quiso aceptar mi sueño Ingalls?

Necesito cal para la bolsanegra y canto, bajito. El eco de su ringtone ya es una murga, lo dejo caer en forma de arbusto.

Breve.

Lírico.

Suena sin pausa.

Es el siseo de otro de sus mensajes de texto, tono lechuza, si me muevo lo nota, así que para despitarlo me quedo quieta como en todos los actos seguidos y otros poemas en voz del canautor.

"Cuando tocás la muerte sin tocar la vida"

Una canción que nunca pasa de moda.

Un afecto triste el primer vínculo con el operador policial.

Afecto triste, el amor.

Primer vínculo con ustedes y sus pautas básicas, muerta como todas las mujeres. Ave de mal agüero. La máquina de escribir es una tormenta de granizo. Las palabras abollan las teclas oxidadas. Dan fe ante mí porque escribir a mano no hace ruido, delata evidencias de las mentiras. El teclado de la computadora repiquetea en clave sin dejar de presionar Alt 42.

Otro número más

Sueños de lotería,

¡Eso que soy!

Y las habladurías dicen que en sentido espiritual representa progreso y estabilidad después de tomar grandes decisiones.

¡Eso que no soy!

El número es clave, denunciar una tortura.

Y la risa del cana, una gota china que punza amenazante como trueno.

Me juega a la quiniela.

Todo parece tan natural.

Gritos de mujeres en todas las habitaciones del mundo y yo siempre sola, aunque afuera haya un hombre.

Propio de mi carne, sufro las verdades y los números. A la angustia la llamo espera. El sueño Ingalls no se acaba nunca, como la costumbre, esa comodidad de que él se ocupe de mí.

Los ruidos hablan entre ellos. Ruidos cotidianos en un mundo sordo. Ruidos olvidados. A mis hijos les cambió la voz. Trastornos del lenguaje. Las palabras se repiten a un ritmo más lento. Las letras no tienen sonido. Frases incompletas me hacen sentir que no valgo nada, pero me quiere.

En el más acá todos me quieren.

¿Alguien sabe para qué?

Soy siempre lo mismo.

Es siempre el mismo.

La sonoridad comienza a ser intermitente como la luz en tonos azules. Después, el silencio y mis ojos acostumbrados al letargo de permanecer despiertos durante la noche.

¿Alguien sabe cómo es el día?

Asomo la mirada al borde de la mesa del comedor trinchera.

El abismo y la nada.

También se limpiaron las botellas difuntas, borraron las evidencias y al altar le cambiaron la Virgen. Ahora lleva el **"Te amo"** arrancado de una hoja de cuaderno Matador.

De repente, un chispazo blanco directo sobre mi cuerpo bolsanegra, una camisa de fuerza para controlar los movimientos involuntarios de la rea. De alta densidad, porque el amor es más fuerte, contiene mis residuos y evita que me dañe.

Vuelvo a la posición que más le gusta.

Un cadaver que no parece tan muerto genera ansiedad y a ustedes temor.

Me apuntan.

Luces cálidas y frías como el estado de ánimo de cada escena, siempre de terror. Prisionera de un olvido temporal, en la bolsanegra, alma, corazón y vida. El único acto de escapismo que me permite cierta libertad por los alrededores de la cabaña y el sucucho al que llamamos dormitorio, el altillo de techo a dos aguas donde ahogamos al amor.

Me desparrama sobre la mesa del comedor trinchera, la desbordo como despedida.

Inmóvil.

Boca arriba.

Estoy pintanda como un boceto inacabado

Soy

"La lección de anatomía".

Clara.

Oscura.

Un choque fanático de contrastes inmoralizan el silencio.

¿Alguien sabe si en la pintura todos ven lo mismo?

Me miran con disimulo. Curiosean. Los ojos de él puestos en mi infinito. Su mirada creadora de miradas y la mía en el más allá acompañada por una luz que además de oscuridad, también es compasión.

Me disperso para todos lados como el atardecer.

Las horas me preceden.

Síntoma de la agonía.

Borro el cielo, efecto atmosférico, huella de aire, humo de eucalipto y hojas de laurel para mantenerme en conserva, despejar las vías respiratorias y limpiar el terreno de acción. Alguien me grita que la culpa de que ustedes no vean es mía por mirar de lleno la gracia de dios.

Eso de dar sin aceptar cambios.

Nada a cambio.

Cambio y afuera

Nada.

Gira•soles, flores reventadas y el sol, un lugar emocional que mezcla mis sombras para darle una nueva dimensión a mi personaje, a mis cidis rayados, a mis bombachas cortadas y a los libros deshojados de mamá.

Exhalo.

No estoy lo suficientemente despierta para respirar.

La luz de la habitación de los chicos proyectada contra la silueta de su madre, abuela de nuestros hijos, con el rosario en una mano y los caramelos de la extorsión en la otra. Se siente protagonista, a su lado, él, como farol enmarcando el plano de la escena familiar un toque escalofriante.

Claroscuro.

Coreografía de la tribuna.

Redobles de bombos y platillos.

Los amigos de la iglesia vestidos con su uniforme deportivo y el sacerdote con su conjuntito todo negro, una niebla a la que quiero pintar de rojo.

Lágrimas de su aura, inmundo contagio.

Los ojos en blanco, tenso la mirada hasta que su oscuridad se va. Me toma el pulso. Creen que me están despidiendo, pero la que los despide soy yo.

Sonidos de teros.

Un ruido blanco sale de la bolsanegra como bomba cronometrada a punto de explotar.

¿Alguien sabe cuánto dura un duelo?

La duda es deseperación.
El amor, un sentimiento triste.
El estribillo, muy pegadizo.

JAU LONG, JAU LONG UILL AI SLAID
SEPAREIT MAI SAID, AI DONT,
AI DONT BILIV ITS BAD

Mis pensamientos respiran. Un fenómeno natural como el fin de mi vida más viva que nunca.

Provoco ira.

Irrito.

Todos y los restos a mi alrededor me veneran. Tengo el mismo agujero que la campana del timbre sin santos paganos que me protejan. Un aro oscuro e irregular alrededor de los márgenes. Dos cavidades de una misma punta hueca sin orificio de salida.

De repente, un halo de luz sobre mi cuerpo. Encandila. Parte de mi cara, brazos, piernas, corazón y guardapolvo de maestra manchado de rojo.

Efecto luminoso.

Su madre y él,

dejan en profunda sombra al resto del espacio y re·crean la ilusión de que lo que sucede es en realidad menos aterrador de lo que realmente es.

¡Tenebristas del amor!

Me vuelven a oscurecer. Con su iluminación directa les cambian la voz y el llanto a nuestros hijos difuminados.

No entiendo lo que dicen.

Reflejos de sueños Ingalls, inseguridades, miedos sensibles a la luz, crean tensión y suspenso; el ruido de la máquina de escribir hace lo suyo. El silencio fortalece.

Ustedes me ven por las pantallas mientras mis ojos intentan llenar los espacios vacíos. Una especie de resplandor y el humo, la presencia que me hace visible. Enciendo los sonidos. Heridas niñas en mi piel adulta, iluminadas y ausentes de ese primer plano que es mi vida, tu amor.

Nadie me espera.

Despierto de su entierro prematuro.

Re·sucito de golpes en la pared con los auriculares puestos.

Se caga todo y no hay más libros de mamá para limpiarse.

Me siento sobre la mesa del comedor trinchera cruzada de piernas con las alas rotas.

Perdí diez kilos.

Parálisis del sueño.

Vuelvo a aprender a caminar.

La bolsanegra me arropa y protege de su frío. Las manos calientes por el pincel que chorrea color sangre, una costumbre no heredada.

¿Vieron?

No hace falta estar muerta, alcanza con que ustedes lo crean.

Estática frente a sus ojos, los miro como espectadores y no los veo. Mi relación con el mundo murió hace rato, comparte tumba con los besos en la boca.

Vuelvo a cantar.

Audio retrato de mujer con collar de espinas.

Tern mi on teik mi for a jard raid
Bern mi aut, liv mi ondi odersaid
Ai jel and tel it dat
Its not mai frend
Ai terit daun, Ai terit daun
An den its born egein.

¡¿Todavía no se fueron?!

Tiro los auriculares al público.

NO!

No quiero aplausos
ni gloria.

Mamá es una niña, yo un duelo.

En mi tiempo fuera están todos manchados de negro y hablan a la vez. Catarsis de la apatía. Cada uno en su escena trágica, montados de espectadores me sacan del silencio anestesiados por la noticia del día:

Soy más parecida al mundo en el que vivo de lo que creo.

Tiro al sueño Ingalls en la bolsanegra llena de asfixia, la cierro con un nudo constrictor, el que aprieta y forma el lazo final para que a ella no la mate. La entrego al pie del **"Te amo"** escrito en una hoja de cuaderno Matador.

Carrera de relevo, siempre embolsadas.

Mis labios dejan de ser azules y las cabañas ya son distancia.

El campo revive, cursos de agua, reparto flores sin soja y estampitas paganas.

Le jugué a la quiniela.
Salió mi número.
En el más acá está la suerte,
una despedida para saber algo de mí.

¡Un nuevo todo!

Viaje sin regreso.
Termino de pintar a la puerta y a la locura de rojo.
Cierro mi verdad con llave.

Del otro lado,
en el más allá,
el dolor duele,
nada más.

AGRADECIMIENTOS

A Zoe y Gaia, mi carnaval, el aguante de ser y cantar a los gritos la vida y los temones de los Peppers.

A la Cuin, mi buen amor, por su lectura amorosa, aguda, compañera y esa fe volcánica para que *Re·Sentida!* salga a vivir. Gracias por enseñarme a ser canción con vos.

A mi Mestre, Leo Oyola, "Santaoyola" por su generosidad, cariño, corazón forajido, música, abrazos, pasos prohibidos y ser el mejor guardián de mi fe en esos días gatillo fácil en los que la duda se pone la gorra en todo lo que escribo.

A la banda del amor, Moni, Mati, Lauri, Cami, Rodri, por su escucha, correcciones, sugerencias, aguante, respeto y, lo más sabroso, altallantear en TODOS mis mundos. A lxs que acompañaron con su magia. A los que estuvieron y hoy siguen bailando en mi rolo: Mike, Nico, Naty, Reimon y Luigi. Y A los que están, Serginho, Lothar Matheus y Lean, por sumarse a esta fiesta inolvidable.

A mi editor, Debret, por su lucidez encantadora, por creer en mí y porque al margen de nosotrxs mismos, Pessoa.

A Lili Escliar, Paula Rodríguez, Claudia Piñeiro y Paola Lucantis, por sus palabras que abrazan y alientan. Todas mundiales.

A Dolo, chamanita de vida, amiga de fe, alegrías y esa mirada que alivia.

A la música, escape y refugio.

A los Red Hot Chilli Peppers, por el swing.

¡Gracias por bailar conmigo!

ÍNDICE

ODERSAID! 11
ROUD TRIPIN! 29
DIS VELVETCH GLOV! 49
ISILY! 71
CALIFORNIQUEISHON! 93
GUIRONCHAP!. 113
ESCAR TCHISIU! 143
PERALAL IUNIVERS! 163
ARRAUN DE UORLD! 197
ODERSAID! 217

SOBRE EL AUTOR

Lula Comeron (Almagro, 1978) es escritora, periodista y guionista. Autora de ***Con V de Villera*** y finalista del Premio de Novela Sara Gallardo. Hincha de Huracán, de João Guimarães Rosa y do Samba.

Esperamos que este libro
haya sido de su agrado.
Para información o comentarios,
contáctenos en la dirección
que aparece debajo.

Muchas gracias.

www.hojasdelsur.com

www.ingramcontent.com/pod-product-compliance
Lightning Source LLC
LaVergne TN
LVHW101914220826
846093LV00008B/245

* 9 7 8 9 8 7 8 9 1 6 7 6 7 *